"(...) Um homem toma posse de si mesmo por meio de lampejos, e muitas vezes quando toma posse de si não se encontra nem se alcança. (...)"

A. Artaud, *Carta para Jacques Rivière* em 25 de maio de 1924

Coleção Lampejos

©n-1 edições 2021 / Hedra

Fragmentos de memórias malditas:
Invenção de si e de mundos
Cecilia Coimbra

©n-1 edições 2021

coordenação editorial   Peter Pál Pelbart e Ricardo Muniz Fernandes
direção de arte   Ricardo Muniz Fernandes
projeto da coleção/capa   Lucas Kröeff
assistência editorial   Paulo Henrique Pompermaier
ISBN   978-65-86941-38-8

Grafia atualizada segundo o Acordo Ortográfico da Língua
Portuguesa de 1990, em vigor no Brasil desde 2009.

Direitos reservados em língua
portuguesa somente para o Brasil

N-1 EDIÇÕES
R. Fradique Coutinho, 1139
05416–011 São Paulo SP Brasil

Sumário

Apresentação 15

Uma geração. 23

O golpe: uma noite, uma tarde 49

Respiros 61

A vida insiste no horror 77

O inferno 109

A insistência da vida 135

A saída 149

Este escrito foi baseado no depoimento da autora às comissões Nacional e Estadual da Verdade, e inspirado em sua tese de doutorado, publicada em livro sob o título de *Guardiães de ordem: uma viagem pelas práticas psi no Brasil do "Milagre"*; em seu artigo *Cinquenta anos depois*, publicado na revista *Verve* (PUC/SP); no blog *À espera do Asteroide 16*, de Reinaldo Guarany Simões; no livro de poemas *Poesia a essa altura do championship*, de José Ricardo Novaes; na monografia do Curso de Especialização em Psicanálise *O simulacro na clínica*, de Ana Monteiro de Abreu; e no livro *Amizades contemporâneas: inconclusas modulações de nós*, de Danichi Hausen Mizoguchi.

No processo de encerramento deste texto, percebi que escrevia estas memórias após exatos cinquenta anos do ocorrido. Por acaso, o texto foi sendo redigido nos mesmos meses em que estive no inferno – outubro e novembro.

Aos meus filhos, José Ricardo e Sérgio Ricardo, e aos meus netos, João, Sofia, Mariana e Marcelo, um pouco de nossa história...

Texto escrito a seis mãos: as da autora, as de Ana Monteiro de Abreu e as de Danichi Hausen Mizoguchi. Ressalto aqui que, sem essa múltipla composição, a execução desta escritura não teria sido possível. Tal processo coletivo foi elaborado durante o período de isolamento da pandemia, entre os meses de outubro a dezembro de 2020. Muitas lembranças aqui narradas fazem parte de um coletivo de memórias elaboradas nos encontros telefônicos que tive, em novembro, com meus irmãos (Emidio T.B. Coimbra e Custódio Coimbra), com meu ex-cunhado João Novaes, com as companheiras Flora H. Costa e Dora H. Costa e o companheiro Mauricio Martins de Mello; com companheiros e companheiras de prisão como Alberto José Barros da Graça, Arlete de Freitas, Dulce Pandolfi, Glória Marcia Percinotto e José Novaes. A todos e todas a minha gratidão!

Apresentação

No dia 1º de outubro de 2020, em uma troca de mensagens sobre *Narciso em férias*, o documentário em que Caetano Veloso narra os meses nos quais esteve preso pelos militares, propus a Cecilia Coimbra que desenvolvesse mais alguns elementos do depoimento que havia escrito em 2013 para as comissões Nacional e Estadual da Verdade e que fizesse a história chegar a mais pessoas através de um livro. A sugestão foi para que pudessem ser publicizados detalhes cotidianos e micropolíticos que usualmente escapam aos relatos de experiências extremas, como a dos mais de dois meses em que esteve detida – e que, em alguma medida, estavam presentes no filme que ambos havíamos acabado de assistir. Naquele momento, ela não me disse que achava pouco importante dar mais espessura e detalhamento ao que contara sete anos antes e que talvez aquelas memórias já não fizessem sentido para as novas gerações. Disse-me apenas que estava muito cansada e que não se sentia em condições de escrever mais nada.

Conheço e admiro Cecilia desde 2005, quando foi minha professora no mestrado em Psicologia na Universidade Federal Fluminense (UFF). Desde então, nossa relação intensificou-se: ela compôs a banca de defesa de dissertação, em 2007, e, aos poucos, nós nos tornamos amigos. Em 2013, quando defendi o doutorado na mesma universidade, ela disse que a leitura da tese que abordava as políticas da amizade havia sido fundamental para que conseguisse redigir o documento que enviou às comissões – algo que repetiu publicamente em 2016, quando participou da mesa de lançamento do livro que se originou desse trabalho. Esse depoimento é, portanto, um ponto muito intenso dessa relação que já dura 15 anos e, como não poderia deixar de ser, guarda marcas fortes em nós dois.

Costumo trabalhar com esse texto em sala de aula, às vezes com uma leitura feita em jogral pelos próprios alunos, apresentando o absurdo dos abusos ali relatados. Desse modo, sei da importância e dos efeitos que o texto tem em jovens estudantes de cerca de vinte anos. Foi por esse duplo motivo – a intensidade relacional e a importância política – que insisti em que o depoimento pudesse ser retomado e incrementado a partir de outras memórias e dos efeitos do presente, que nos atinge com a sobreposição das epidemias mortíferas do coronavírus e do fascismo.

Diante da impossibilidade de escrita que o cansaço lhe impunha, sugeri que gravasse áudios relatando elementos ausentes no depoimento. Eu faria a transcrição do material e o transformaria em texto. Imaginamos que uma editora de guerrilha tal qual a n-1 edições talvez tivesse interesse em uma publicação desse feitio, e, ao fazermos o convite, a resposta foi imediata, afirmativa e empolgada – o que muito nos alegrou e deu o último empuxo necessário para que o trabalho se iniciasse com a intensidade que necessitava e merecia, em um jogo que aos poucos ganhou a presença de Ana Monteiro de Abreu, que revisava, sugeria e incluía novos elementos à narrativa.

De lá para cá, as memórias malditas de Cecilia – cristais de tempo impessoais e geracionais relampejando em um momento de perigo – vieram aos borbotões. Uma lembrança puxava a outra, em um relato que ultrapassou os setecentos minutos – portanto, quase 12 horas – nos mais de quinhentos áudios que ela enviou de sua casa em Lumiar, na serra fluminense, entre o começo de outubro e a metade de dezembro de 2020. Os fragmentos narrativos referentes à juventude nos anos 1960 – os sonhos, os filmes, as músicas e a alegria – vinham usualmente acompanhados do choro emocionado que a fazia parar e retomar minutos depois. As passagens violentas dos mais de dois meses infernais de prisão, ao contrário, vinham costumeiramente sérios e firmes, e só foram interrompidos quando as lembranças do cárcere eram atravessadas pelos belíssimos momentos de força, solidariedade e amizade entre as companheiras e companheiros de luta e de cela – com o choro emocionado que retornava insistentemente quando o relato passou a rememorar a saída da prisão e o reencontro com a mãe, os irmãos, o filho, os companheiros e com tudo que era a vida fora de lá.

Cecilia saiu da prisão no dia 11 de novembro de 1970. O cinquentenário dessa data, portanto, ocorreu enquanto confeccionávamos este livro. Se o momento do país é novamente difícil, e não há negacionismo que possa divergir desse diagnóstico, o que essas memórias malditas podem operar em nós é o gesto político que Deleuze retoma de Kierkegaard, e que Cecilia tanto gosta de lembrar em suas postagens nas redes sociais – e que aqui é também uma menção ao sufoco que ela sentia ao ser encapuzada pelos torturadores: um pouco de ar, senão sufocamos.

1970, 2020: cinquenta anos de lembranças geracionais e de memórias malditas que não nos deixam esquecer que a vida sempre insiste e sempre insistirá, e que mesmo nas experiências mais extremas, não há tristeza nem poder capaz de fazer calar em nós o desejo e a luta por outros mundos possíveis e impossíveis.

DANICHI HAUSEN MIZOGUCHI
Professor universitário e escritor

Outrar é uma expressão inventada pelo poeta Fernando Pessoa em sua ânsia de "viver tudo de todas as maneiras". É este processo obstinado de *outramento* que o engendra como um ser vivo capaz de inventar-se diferentemente. Trata-se de um trabalho rigoroso e árduo de abertura de si às forças díspares que engendram mundos em constante processualidade. Em sintonia com a vida, em seu movimento incessante de mutação-diferenciação, o poeta torna-se o mestre da deriva de si com a invenção única de heterônimos. Não se trata, como querem alguns, de uma proliferação de eus. O que caracteriza o *outrar* é o rompimento com o modelo identitário. Modelo formado e fixado, uma vez por todas, na construção da figura de um eu unívoco ou de eus variantes, pautados pela paralisia dos movimentos-forças inerentes à Vida. Na experiência do poeta, viver é ser outro; é um deixar-se atravessar por forças-fluxos que desestabilizam e desmontam o eu em proveito dos processos inventivos que caracterizam uma vida em seu processo de *devir-outro*. Implica, pois, em uma atitude de abertura às forças, que em desassossego se agitam e pedem passagem na afirmação da realidade como um composto de relações de forças em contínuo movimento de diferenciação e criação. Entramos, assim, em contato com a agitação molecular das formas onde *outrar* é diferenciar-se da pretensão ao idêntico, ao mesmo, à fixidez das formas. Trata-se da adesão a um vertiginoso movimento de liberação e desapego de si, desobstruindo canais por onde a multiplicidade de *ser* pode, enfim, ganhar corpo e língua no movimento de uma existência que vai *sendo*: uno e múltiplo, ao mesmo tempo.

ANA MONTEIRO DE ABREU
Médica e analista

Uma geração

Lembra daquele tempo
Que sentir era
A forma mais sábia de saber
E a gente nem sabia?

ALICE RUIZ

Lembrar um tempo vivido intensa e ativamente sem cair em saudosismos conservadores é um desafio que aceito enfrentar ao narrar alguns fragmentos do que vivi. Fiz parte de uma geração de jovens estudantes e intelectuais que, nos anos 1960 e 1970, generosamente sonhou, ousou e correu riscos. Uma geração que foi massacrada e, em parte, exterminada. Críticos em relação à sociedade estabelecida na naturalização das misérias capitalistas, sonhávamos com a construção de outro mundo: solidário, fraterno, guiado pela igualdade na produção e na distribuição das riquezas; pela vontade de afirmar uma vida coletiva, para todos e todas indistintamente. Achávamos injusta a concentração de riqueza e de poder nas mãos de poucos privilegiados. Nós nos indignávamos com os assujeitamentos e aprisionamentos impostos que, de diferentes maneiras, visavam nos despotencializar e impedir o respirar, o mudar, o *outrar*. Um mundo de homens e mulheres livres com igualdade de oportunidades na experiência do viver era o sonho comum de um comum aspirado por esta geração.

Apesar de toda a violência perpetrada pelo Estado brasileiro sobre mim, minha família, meus amigos e companheiros, nunca me vi como vítima – como uma coitada que tem pena de si mesma e que, de maneira ressentida, teria direito à vingança. Entretanto, durante muito tempo fui atravessada por uma forte reatividade, provocada por um sentimento intenso de ódio. Um pouco depois do fim da ditadura, citava frequentemente um poema de Carlos Drummond de Andrade, composto durante o período do Estado Novo: "o ódio é o melhor de mim mesmo". Hoje a indignação permanece, mas não o ódio – e afirmo que o ódio não é uma força de criação de si, mas um envenenamento da própria vida. Caminhando como equilibrista no fio dessa tensão eu era atravessada por forças díspares. Foi a insistência de uma força estranha e bela de ligação entre resistência e invenção que, ao ser afirmada, fez com que eu, junto a alguns parceiros, participasse da criação do Grupo Tortura Nunca Mais/RJ (GTNM/RJ), em 1985, bem como aproximasse docência e militância em minha trajetória como professora universitária. Foi exatamente essa força ativa de conjugação que, em 2013, me levou a escrever o depoimento para as comissões Nacional e Estadual da Verdade, expressando o horror que experimentei naqueles anos de terror. Força estranha e bela que até hoje me faz seguir ativamente na luta por outros mundos possíveis e impossíveis em um longo desafio de invenção cotidiana.

Os anos 1960 foram marcados por momentos inesquecíveis de permanente alegria e agitação de uma juventude que acreditava que poderia mudar o mundo e que tinha certeza de que conseguiria fazê-lo. Tempos de experiências belíssimas, que forjaram relações de amizade que persistem ainda hoje – mesmo que muitos daqueles jovens tenham tomado rumos diferentes em suas vidas. A solidariedade e a alegria que experimentei junto aos companheiros me ensinaram que querer outro mundo é algo que não se faz sem que se entre, também, em um processo de invenção de si – e é esta dimensão processual, infinda e ilimitada da vida que, também através das memórias, não cessa de se criar. É exatamente isto que aqui nos interessa acessar e narrar: lembrar para outrar, escrever para devir.

As memórias malditas e perigosas dos vencidos – aquelas que não constam nos livros oficiais e que o Estado tenta incessantemente fazer desaparecer – ainda hoje insistem em nossos corpos. São histórias que fazem parte de nossas vidas e que continuam em nós, marcadas a ferro e fogo. Falar delas é ainda doloroso e muito difícil – mas também, e cada vez mais, absolutamente necessário. Se a memória e a história não são neutras, mas sempre políticas, é preciso afirmá-las como campo de constantes combates entre forças para que, contadas e afirmadas, possam inscrever no presente porvires diferentes. São estas memórias coletivas e não próprias, geracionais e não egoicas, singulares e não individuais que nos invadem, e às quais damos passagem para com elas tentar contagiar outras vidas e, assim, agenciar resistências-criações como embriões de futuros que jamais saberemos quais serão, mas que podemos afirmar no presente como germes de criação de si e de mundos.

* * *

O início da década de 1960 foi um período de muita efervescência para a nossa geração. Vivemos intensamente a alegria e a descontração daqueles anos. A Faculdade Nacional de Filosofia da Universidade do Brasil (FNFi da UB), atual Instituto de Filosofia e Ciências Sociais da Universidade Federal do Rio de Janeiro (IFCS da UFRJ), onde eu cursava História, era um núcleo de grande agitação e movimentação para os secundaristas e para os universitários cariocas. Passávamos o dia no prédio da avenida Presidente Antônio Carlos, no centro do Rio de Janeiro, onde hoje é o Instituto Italiano de Cultura, assistindo às aulas, conversando, organizando assembleias e reuniões, convivendo. À noite ficávamos tocando violão e cantando em suas escadarias a nascente melodia da bossa nova, entrecortada por músicas recém-chegadas da Revolução Cubana e outras veiculadas pelo Centro Popular de Cultura (CPC) da União Nacional dos Estudantes (UNE), cujas letras nos embalavam com um nacionalismo ingênuo como: "A Canção do Subdesenvolvido", de Carlos Lyra e Francisco de Assis, "João da Silva ou o Falso Nacionalista",[1] de Billy Blanco, "Canção do Trilhãozinho", de Carlos Lyra e Francisco de Assis, "Grileiro vem, pedra vai", de Rafael de Carvalho, "Zé da Silva é um homem livre", de

1. À guisa de exemplo, eis a letra desta canção: João da Silva / Cidadão sem compromisso / Não manja disso / Que o francês chama l'argent / Pagando royalty / Dinheiro disfarçado / É tapeado desde as cinco da manhã / Com Palmolive / Ao chuveiro dá combate / Usa Colgate / Faz a barba com Gilette / Põe Água Velva / Paga royalty da fome / No pão que come / Ao leite em pó com Nescafé / Movido a Esso vai // Em frente pro batente / De elevador Otis / E outros sobe e desce / Ele é nacionalista / De um modo diferente / Pois toma rum com Coca-Cola / E tudo esquece / Vai com Madame ver / Um bom Cinemascope / Ela usa nylon / Ele casimira inglesa / Entorna whisky em vez de chopp / Paga royalty dormindo / Quando esquece a luz acesa / Diz que não gosta de samba / E acha o rock uma beleza.

Geny Marcondes e Augusto Boal, todas elas gravadas em um disco confeccionado pela UNE chamado *O Povo Canta*, de 1962.

No cineclube montado pelos próprios estudantes, assistíamos a filmes do neorrealismo italiano, do cinema russo, entre outros – todos eles questionadores da ordem vigente, como: *O encouraçado Potemkin*, *Ladrões de bicicleta*, Charles Chaplin e seus inesquecíveis *Em busca do ouro* e *Tempos modernos*, entre outros, e *Agulha no palheiro*, de Alex Viany (1953), considerado um marco no cinema brasileiro em função da incorporação de aportes realistas.

Havia também um curso pré-vestibular ligado ao Diretório Acadêmico (DA), organizado e ministrado pelos alunos de períodos mais antigos de diversos cursos, como Física, Matemática, História Natural, Ciências Sociais. Era cobrada uma pequena taxa, revertida para o DA e distribuída igualmente entre os professores. Antes de entrar na faculdade para o curso de História, fiz esse curso pré-vestibular, já vivenciando o clima alegre, descontraído e extremamente crítico que iria encontrar posteriormente.

Assim que entrei para a graduação, comecei a participar do Centro de Estudos de História, fundado em 1958 e organizado pelos alunos mais antigos que editava um Boletim de História (foram sete números até 1963), única publicação de universidade feita por alunos. Entretanto, para sua confecção era necessário o aval dos professores e, por esta razão, a Revista também trazia textos "mais tradicionais". A organização e o funcionamento desse Centro de Estudos estava majoritariamente ligado ao Partido Comunista Brasileiro (PCB) – era a própria direção do partido que dizia que os comunistas tinham que se destacar pela competência enquanto alunos. Neste grupo, estudávamos autores marxistas, como Nelson Werneck Sodré, Celso Furtado, Caio Prado Júnior, Paul Sweezy, Paul Baran, Leo Huberman e Maurice Dobb, dentre outros, num mergulho em problematizações críticas diversas referentes à história antiga, medieval, moderna e contemporânea e à história do Brasil.

O grande auditório da faculdade, conhecido como Salão Nobre, recebia com frequência eventos que nos colocavam em contato direto com produções relevantes no cenário nacional e internacional. De algum modo, ocupávamos aquele espaço, fazendo dele o local das mais variadas atividades. É inesquecível o episódio ocorrido em 1963, quando impedimos a entrada do então governador da Guanabara, Carlos Lacerda, na formatura dissidente do curso de Jornalismo. Acompanhado do comunicador de extrema-direita

Flavio Cavalcante, Lacerda foi rechaçado por centenas de estudantes indignados que ocuparam todo o prédio portando cartazes que enfatizavam a liberdade conquistada naquele espaço: "FNFi, Território Livre da Guanabara", numa alusão à "Cuba, Território Livre da América Latina".

Foi ainda nesse auditório que me comovi com à concorrida conferência que Jean-Paul Sartre e Simone de Beauvoir, dois dos nomes mais renomados da filosofia naquele momento, ministraram em sua única vinda ao Brasil, em 1960. Foi lá também que assistimos ao curta-metragem *Menino da calça branca* (1961) e ao primeiro longa-metragem *Este mundo é meu* (1963), de Sérgio Ricardo, ambos em *avant-première*. Este estava previsto para ser lançado em circuito comercial no dia 1º de abril de 1964. Devido ao golpe, o lançamento não ocorreu e o filme ficou proibido durante anos. Assistimos também com entusiasmo ao filme *Cinco vezes favela* (1962) – composição de cinco curtas-metragens de diretores que começavam a desenvolver o Cinema Novo, como Leon Hirszman e Joaquim Pedro de Andrade. Ali também entramos em contato com o filme *Orfeu Negro* (1959), uma produção franco-ítalo-brasileira dirigido pelo francês Marcel Camus, cujo roteiro fora adaptado da peça teatral de Vinicius de Moraes, *Orfeu da Conceição*

(1954) que se baseou no drama da mitologia grega de Orfeu e Eurídice, com trilha sonora de Tom Jobim e do próprio Vinicius de Moraes. O filme de Camus, além das músicas de Tom e Vinicius, contou com a participação de Luiz Bonfá e Antônio Maria. Em 1960, representando a França, ganhou o Oscar de melhor filme estrangeiro. Uma outra versão deste mesmo tema foi realizada por Cacá Diegues (1999), no filme *Orfeu*. O cinema era, para nós, uma importante ferramenta.

Em fevereiro de 1964, o cineasta Eduardo Coutinho, ligado ao CPC da UNE, foi para o Nordeste, em uma parceria com o Movimento de Cultura Popular (MCP) de Paulo Freire, fazer um filme sobre João Pedro Teixeira, criador da Liga Camponesa de Sapé, assassinado em 1962. Realizou gravações com a viúva de João Pedro, Elisabeth Teixeira, que havia assumido a liderança do movimento no lugar do companheiro assassinado. Com o golpe, esses copiões, aparentemente perdidos, foram guardados por Dirce Drack, advogada de presos pela ditadura. Posteriormente, com a Anistia, foram devolvidos a Eduardo Coutinho, que pôde lançar o filme *Cabra marcado para morrer* ainda no final do período ditatorial, em 1984.

Era também nesse auditório que fazíamos nossas sempre lotadas assembleias – um momento importante de nossa participação no movimento estudantil, principalmente através da UNE. Como dizia a letra de seu hino, composto em 1963 por Vinicius de Moraes e Carlos Lyra, a cujo lançamento assisti no mesmo auditório, "a UNE era a nossa voz". Através do CPC – e especialmente de um projeto chamado UNE/Volante –, vários espetáculos teatrais e musicais eram levados para diferentes estados brasileiros com o intuito, muito presente no pensamento marxista da época, pautado pela estética do PCB, de conscientizar e educar o povo através da arte – o que nos parecia fundamental para que pudéssemos expandir a crítica ao pensamento hegemônico na construção de outra sociedade. Cantores ligados ao CPC e ao PCB, como Nora Ney e Jorge Goulart, apresentavam shows no auditório da UNE, na Praia do Flamengo. Muitas músicas e peças de teatro eram concebidas em forma de jogral. Assisti, diversas vezes, a um espetáculo encenado em 1962 que percorreu vários estados brasileiros e que se tornou muito conhecido, e no qual se denunciava que só 1% do povo brasileiro entrava na universidade: *O auto dos 99%*, de Oduvaldo Vianna Filho (o Vianinha), Armando Costa, Antônio Carlos Fontoura, Carlos Estevam Martins, Cecil Thiré e Marco Aurélio Garcia.

Para além das produções vinculadas ao CPC da UNE e de tudo que víamos no auditório da faculdade, a ligação entre a experiência estética e a luta política também se dava em outros âmbitos. Não foi à toa que vibramos quando o filme *O pagador de promessas*, de Anselmo Duarte, venceu o Festival de Cannes, em 1961. Foi o antropólogo Darcy Ribeiro, então um jovem professor da FNFi, que, interrompendo a aula de História Moderna e Contemporânea da professora Maria Yedda Linhares, nos comunicou que pela primeira vez um filme brasileiro ganhava a Palma de Ouro no prestigioso festival francês.

Ressoavam muito próximos a nós os ecos da vitoriosa Revolução Cubana, que desde 1959 passou a embalar toda a juventude e a intelectualidade latino-americana como um sonho que poderia se tornar realidade também em outros países, como o Brasil. Nos anos 1960 explodiram revoltas no mundo inteiro contra as ditaduras, o imperialismo, o latifúndio e o colonialismo, a favor das lutas de libertação nacional, especialmente dos povos africanos, as quais acompanhávamos e aplaudíamos. Essa época marca a vitória de diferentes países africanos em suas lutas contra a colonização europeia. Em 1960, existiam 17 novos Estados que nasceram em África, 14 dos quais ex-colônias francesas. Boa parte deles tinha influência socialista – e eram disputados, em tempos de Guerra Fria, por Washington e Moscou.

No Vietnã, após o fracasso dos franceses contra o Vietminh em 1954, na batalha de Dien Bien Phu, em 1959 os norte-americanos assumiram a continuidade da guerra, pois não aceitavam o alinhamento comunista do país asiático. A batalha de Dien Bien Phu foi um marco na derrocada do império colonial francês no Extremo Oriente, um combate entre as forças que lutavam pela independência do Vietnã, o Vietminh, e o Exército francês.

A guerra do Vietnã, que durou até 1975, era acompanhada de perto por nós, que, com muita emoção, torcíamos pela vitória dos vietcongues, exaltando suas vitoriosas estratégias de guerrilha contra o exército mais poderoso do mundo. Toda uma geração de jovens norte-americanos foi massacrada naqueles anos. O governo Kennedy, considerado liberal, foi o que mais enviou tropas ao país. Lembro-me do assombro e da incredulidade de todos nós na FNFi quando soubemos de seu assassinato, em 1963.

A efervescência política, o intenso clima de mobilização e os avanços na modernização, na industrialização e na urbanização que configuravam o Brasil nesse período nos traziam preocupações pela necessidade do fortalecimento da participação popular. Diferentes movimentos sociais emergiam em torno do "engajamento" e da "eficácia revolucionária", com ênfase na formação de uma "vanguarda" e seu trabalho de "conscientizar as massas" para que pudessem participar do "processo revolucionário" que poderia e deveria ocorrer no Brasil.

Nesse clima, em junho de 1962, a UNE leva a todo o país a reivindicação da participação de um terço dos estudantes em todos os órgãos colegiados das universidades. Foi deflagrada uma greve nacional que se estendeu até agosto. A entidade organizou grandes manifestações públicas em todos os estados do Brasil. No Rio de Janeiro, a FNFi, juntamente com outras universidades, teve uma participação de destaque ao ocupar por três dias o prédio do Ministério da Educação e Cultura (MEC), no centro da cidade. Barracas foram erguidas no térreo, sob os pilotis, e no andar do gabinete do ministro, os estudantes só foram desalojados após intervenção da Polícia do Exército. Estive durante três dias nessa ocupação e, ao sermos retirados com metralhadoras apontadas em nossa direção, erguemos as mãos em sinal de rendição. O momento foi captado em uma foto publicada na primeira página de um dos jornais de maior circulação da cidade. A imagem foi vista por meu pai, um salazarista bastante conservador. Dias depois, encontrei-o na faculdade, no andar do DA. Enfurecido, indagou: "É neste antro que você aprende a dizer palavrões e a ser comunista-vagabunda?". Como ninguém é uma totalidade, meu pai, além de anticomunista, era também anticlerical. Uma pessoa que, apesar de ter apenas o curso primário concluído em Portugal, nutria um grande apreço pelas artes. Foi ele que estimulou meu gosto pela leitura por meio de uma série de romances da literatura brasileira.[2] Introduziu-me também no universo das músicas clássicas, em especial óperas italianas. Surpreendentemente, foi ele quem me presenteou com o primeiro disco de João Gilberto, *Chega de saudade*.

* * *

Em 1962, aos 21 anos, entrei para o PCB. Neste partido, clandestino desde o final dos anos 1940 (que só retornou à legalidade em 1985), vivi momentos intensos de solidariedade que me fizeram experimentar o significado político-afetivo da palavra,

---

2. Em minha adolescência fui presenteada com muitos livros pelo meu pai e me tornei uma leitora voraz. Li, praticamente, toda a obra de Eça de Queiroz, José Lins do Rego, Joaquim Manoel de Macedo, Manuel Antonio de Almeida, José de Alencar, Machado de Assis, Érico Veríssimo, Jorge Amado, entre outros tantos.

cuja prática se mostrou fundamental nos percursos que vivi. Pertenci aos seus quadros até 1967. Saí por discordar da análise que faziam da realidade brasileira e da linha política stalinista seguida a partir dos rumos conduzidos pelo Partido Comunista na União Soviética e, principalmente, na Europa, pelo Partido Comunista Italiano dirigido por Palmiro Togliatti. Aceitando os insistentes convites de meu querido e já falecido companheiro Jorge Miguel Mayer, comecei a participar de encontros da chamada Dissidência do PC na Guanabara (DI).

Nossa base era considerada pela direção do partido como uma das mais difíceis de serem conduzidas, pois éramos extremamente questionadores. Foi nesse caldeirão que emergiu o grupo ao qual me vinculei, cujas discordâncias com os Comitês Central, Estadual e Universitário do PCB se davam em relação à perspectiva stalinista dos soviéticos ali presente, incidindo diretamente na análise que faziam da realidade brasileira. Líamos muito os trabalhos da chilena Marta Harnecker, que, no final dos anos 1950 e início 1960, sob a orientação dos cursos de formação para jovens revolucionários latino-americanos ministrados por Louis Althusser, registrou seus primeiros escritos teóricos marxistas, os quais inicialmente compunham um pequeno manual sobre o materialismo histórico, que era uma de nossas principais leituras. Posteriormente, seus escritos foram lançados em um livro, publicado em 1969 sob o título de *Os conceitos elementares do materialismo histórico*. Nosso grupo era também influenciado por diferentes leituras de Caio Prado Júnior: artigos publicados na *Revista Brasiliense* – fundada por ele em 1955 e fechada com o golpe de 1964 –, por seu livro *História econômica do Brasil* (1945) e, posteriormente, por *A Revolução Brasileira* (1966). Apesar de seu pertencimento ao PCB, o autor afirmava sua independência discordando da interpretação marxista dominante acerca de nosso país e defendendo o caráter capitalista da sociedade brasileira. Questionávamos, portanto, não só a verticalidade e a hierarquia, mas também a linha política hegemônica do partido à época: segundo as análises da direção, divergentes daquelas elaboradas por Prado Júnior, por Marta Harnecker e seguidas por nós, o estágio político-socioeconômico em que o Brasil estava era ainda agrário, semifeudal; daí a necessidade da aliança com a burguesia nacional, com seus programas progressistas através do apoio e da ocupação de cargos-chave nos governos de Juscelino Kubitschek (1956–1961) e, principalmente, no de João Goulart (1961–1964). Nos anos precedentes ao golpe, o slogan do PCB apoiando esses governos populistas-desenvolvi-mentistas dizia: "Estamos no governo, mas não ainda no poder". Esse era o "caminho pacífico e de acumulação de forças" apontado pelos companheiros do partido naquele momento.

Outra leitura obrigatória era a revista da Nova Esquerda norte-americana *Monthly Review*, com seus artigos críticos ao alinhamento dos partidos comunistas ao bloco soviético. Fundada em 1949 por Paul Sweezy e Leo Huberman, é publicada até os dias de hoje. Destacam-se as contribuições dos economistas Paul Sweezy e Paul Baran, assim como as do escritor Leo Huberman e, posteriormente, as de Scott Nearing e do economista Harry Magdoff. Entre os associados da revista, nos anos 1960, estavam C. Wright Mills, Herbert Marcuse, Todd Gittlin, Carl Oglesby, David Horowitz e Noam Chomsky. A *Monthly Review*, além de expressar sua crítica aos regimes comunistas do bloco soviético, desenvolvia uma militância pelos Direitos Civis se integrando às lutas do *Black Power* e participando na resistência ativa contra a guerra do Vietnã e sua violência impositiva de recrutamento de todos os jovens norte-americanos. Adquiríamos a revista em uma versão traduzida para o espanhol em seletas livrarias.

Neste caldeirão de produções destaca-se à época o Instituto Superior de Estudos Brasileiros (ISEB), criado em 1955, no Rio de Janeiro, como órgão vinculado ao MEC no governo de Café Filho, logo após o suicídio de Getúlio Vargas, em 1954, momento de aguçamento das lutas políticas em torno de propostas de diferentes visões de mundo. No governo de Juscelino Kubitschek, o ISEB ganha uma sede própria na rua das Palmeiras, 55, no bairro de Botafogo, no Rio de Janeiro. A partir de então torna-se um grande centro de debates sobre os problemas nacionais nas áreas de filosofia, história, economia, sociologia, política e cultura. Seu objetivo era a formação de quadros críticos para o Estado e para a sociedade brasileira, apresentando-se como um órgão de vanguarda do pensamento desenvolvimentista, reunindo conceituados intelectuais com diferentes perspectivas sobre a temática do desenvolvimento, tais como: Miguel Reale, Sérgio Buarque de Holanda, Hélio Jaguaribe, Candido Mendes de Almeida, Josué de Castro, Álvaro Vieira Pinto, Nelson Werneck Sodré, Roland Cavalcante de Albuquerque Corbisier, dentre outros. Em 1958, a disputa entre estes diferentes pontos de vista levam a uma crise interna no ISEB, saindo vencedora a visão marxista de desenvolvimento: menos acadêmica e mais engajada. Esta representava, de um modo geral, a linha oficial do PCB que apontava a herança colonial agrária como o principal problema a ser superado por uma revolução nacional e democrática. Só desta maneira acreditava-se poder derrotar os maiores obstáculos a autonomia do povo brasileiro: o imperialismo e o latifúndio. No governo João Goulart, o ISEB amplia o seu público para além das palestras e conferências, que participávamos ativamente, com o oferecimento de cursos regulares para militares, estudantes, sindicalistas, empresários, parlamentares, artistas, profissionais liberais, dentre outros. Passou a produzir pequenos livros com linguagem acessível e didaticamente elaborados para a "classe trabalhadora", a coleção *Cadernos do Povo Brasileiro*, coordenado por Ênio da Silveira e Álvaro Vieira Pinto que avidamente eram lidos por nós. Neste período, muitos intelectuais vinculados ao ISEB e à *Revista Civilização Brasileira* participam da criação do CPC da UNE em 1961. O principal elemento de ligação entre o ISEB e a UNE era o sociólogo Carlos Estevam Martins, primeiro diretor do CPC e vinculado ao grupo paulista Teatro de Arena que, naquele período, desenvolvia suas atividades também no Rio de Janeiro. Este foi fundado em 1953, objetivando promover uma renovação e a nacionalização do teatro brasileiro, tendo como figuras de destaque Augusto Boal, Oduvaldo Vianna Filho e Giafrancesco Guarnieri. Estive presente em várias apresentações deste grupo, como *Eles Não Usam Black Tie*, de Gianfrancesco Guarnieri (1958); *Chapetuba Futebol Clube*, de Oduvaldo Vianna Filho (1959); *A Mais Valia Vai Acabar, Seu Edgard*, de Oduvaldo Vianna Filho e Francisco de Assis (1960), musicado por Carlos Lyra. O Teatro de Arena foi fechado pela ditadura em 1972, somente reabrindo em 1977. Um outro desdobramento do ISEB nesta mesma linha de "conscientização das massas" foi o Projeto História Nova do Brasil, idealizado por Nelson Werneck Sodré. Este contou com a colaboração de estudantes do curso de história da FNFi que já participavam do Centro de Estudos de História. Seu objetivo era pensar criticamente a história do Brasil. Para tanto estavam previstos a edição de dez livros de alcance popular com temáticas referentes a aspectos da história do Brasil com enfoque marxista, sob a chancela do MEC, através da Campanha de Assistência ao Estudante (CASES). Entretanto, somente cinco volumes foram publicados até o golpe de 1964. Juntamente com a produção destes livros eram ministradas aulas de história do Brasil, sob esta perspectiva, principalmente, para sindicatos e grupos de estudantes. Com o golpe a sede do ISEB foi depredada e fechada. Instaurado um IPM, Nelson Werneck Sodré e outros intelectuais foram presos e toda a primeira edição dos livros da História Nova apreendida e queimada. Apesar disso, em 1966, a Editora Brasiliense republicou dois destes volumes. Com nova investida da repressão os livros foram proibidos, destruídos e três ex-estudantes de história que participavam do projeto foram presos, humilhados, proibidos de exercer a profissão e forçados ao exílio: Joel Rufino dos Santos[3] (já falecido), Mauricio Martins de Mello (hoje artista plástico com o nome Mauricio da Memória) e Pedro Alcântara Figueira.

Lembro também que íamos ao Instituto Cultural Brasil-China, no centro do Rio de Janeiro, na rua Senador Dantas, no Edifício Santos Vahlis, onde também funcionavam algumas salas do PCB, nas quais participávamos de reuniões sistemáticas.[4] No instituto entrávamos em contato com

3. Escritor e historiador ligado a questão afro-brasileira. Depois de sua prisão, exilou-se. Retornou ao Brasil em 1972, ficando clandestino. Foi preso logo depois em São Paulo, tendo sofrido violentas torturas pela equipe de Sergio Paranhos Fleury. Cumpriu pena de dois anos no presídio do Hipódromo (SP) até 1974.

4. Apesar de clandestino, o PCB tinha salas conhecidas por muitas pessoas em dois locais no centro do Rio de Janeiro (no Edifício Marques do Herval, na avenida Rio Branco, e no Santos Vahlis).

textos de Mao Tsé-Tung escritos em espanhol, impressos em papel de arroz, que embasavam nossos grupos de estudos nos apresentando às divergências sino-soviéticas em relação aos rumos do comunismo. O instituto foi fechado com o golpe em 1964, quando seus funcionários foram presos, torturados e expulsos do Brasil.

Era arriscado manter relacionamentos com grupos que seguissem outras orientações que não aquelas indicadas pela direção do PCB – em especial com os trotskistas. Tínhamos receio que soubessem de nossos contatos sigilosos com a POLOP[5] – grupo cuja inspiração dava-se majoritariamente a partir dos escritos de Rosa Luxemburgo. Apesar de toda a cautela, fomos acusados de fazer fracionismo – de querer criar uma fração chinesa na base do PCB da FNFi –, uma acusação séria na orientação hierárquica conduzida pela direção do partido.

Criticávamos a linha seguida pelo PCB em sua aliança com a burguesia nacional, pois entendíamos que era importante uma marcação de ruptura com aquele modo de pensar onde o campo ainda não estaria permeado por relações capitalistas.

---

5. A Organização Revolucionária Marxista Política Operária (Polop) surgiu em 1961 e era uma organização da esquerda que divergia da linha oficial do PCB.

No entanto, apesar de nossas leituras e divergências teóricas, na prática aplaudimos e ocupamos alguns espaços durante o governo João Goulart. Estávamos ligados a vários órgãos federais, como o MEC, para colocar em prática a perspectiva que indicava que as "massas precisavam ser conscientizadas". Vários projetos de alfabetização de adultos emergem nesse período, como, por exemplo, a *Campanha De pé no chão também se aprende a ler*, em Natal, no Rio Grande do Norte (1961–1964), e o *Movimento de Cultura Popular* (MCP – 1960–1964), no Recife, em Pernambuco, entre outros. Este último, criado por Paulo Freire, ganhou dimensão nacional com o Programa Nacional de Alfabetização (PNA), que ocupava dois andares no prédio do MEC. O planejamento inicial era dirigido aos moradores da Baixada Fluminense, no Rio de Janeiro. A perspectiva era de que o programa se expandisse por todo o território nacional, o que foi impedido pelo golpe.

Ingressei no PNA em 1963, logo no início de seu funcionamento. Formada no primeiro treinamento realizado no Rio de Janeiro, conduzido diretamente por Paulo Freire, trabalhei como alfabetizadora. Realizando essa atividade, experimentei um interessante deslocamento: de uma menina burguesa inexperiente para alguém que passa a se conectar de modo mais direto e encarnado com aquilo que estudava. Em uma entrevista com interessados no projeto em que fazíamos o levantamento socioeconômico dos futuros alunos, me deparei com uma afecção que até então desconhecia. À minha frente uma mulher negra, já de certa idade, ao ser questionada se tinha casa própria, respondeu-me gesticulando fortemente com os braços: "Minha filha, só tenho de meu esses dois braços para trabalhar!". Foi uma cena extremamente impactante. Logo depois, ao utilizar o termo favela[6] no processo de alfabetização de uma turma em Nilópolis, eu, que só lia sobre o êxodo rural nos livros, fiquei impactada ao ouvir um senhor nordestino dizer que a favela só existe porque há miséria no campo – realizando em ato e em primeira pessoa a relação entre pobreza camponesa e pobreza urbana que tanto estudávamos.

---

6. As palavras utilizadas no processo de alfabetização eram pesquisadas e retiradas do universo vocabular da população que seria alfabetizada. No Rio de Janeiro, além da palavra "favela", a primeira a ser utilizada, outras também compunham o processo: tijolo, trabalho, enxada etc.

O golpe
Uma noite, uma tarde

Tenho a impressão
que já disse tudo.
E tudo foi tão de repente...
PAULO LEMINSKI

Em função dessa experiência na Baixada Fluminense, fui indicada para compor uma comissão encarregada da formação de novos alfabetizadores para o PNA. No final da tarde do dia 31 de março de 1964, estava no Salão Nobre do Instituto Benjamin Constant, na Urca, em um ato que dava início à instrução dos professores que iriam ensinar adultos a ler e a escrever, quando soubemos que um golpe contra o governo de João Goulart estava em curso. Impactados com a notícia, mas sem acreditar que realmente se efetivaria, fomos para a sede da UNE, na praia do Flamengo, para onde muitos estudantes de diversas partes da cidade também se dirigiam. A incredulidade era parcial, pois já me conectara a essas forças golpistas, que me conduziram às lágrimas, quando presenciei dias antes, em 19 de março, a primeira Marcha da Família com Deus pela Liberdade no Rio de Janeiro. Estava na rua São José, no centro, quando avistei uma multidão de homens e mulheres finamente trajados em marcha contra o governo "comunista" de João Goulart. Outras marchas semelhantes ocorreram em outras capitais do Brasil, mesmo após o golpe e até meados daquele ano de 1964. A campanha anticomunista no Brasil já ocorria desde o final da Segunda Guerra Mundial com o advento da Guerra Fria. Em 1959, ainda no governo de Juscelino Kubitschek é criado o Instituto Brasileiro de Ação Democrática (IBAD) com a participação de militares e civis de extrema direita. O IBAD recebia polpudas contribuições de empresários brasileiros e estrangeiros que temiam a política nacionalista-desenvolvimentista-populista do governo de Juscelino. Seu objetivo principal era o combate ao comunismo no Brasil e influir nos rumos da economia. A posse de João Goulart acirrou os ânimos e o IBAD passou a fazer ferrenhas campanhas contra seu governo e sua política de reformas de base: produziu e difundiu grande número de programas de rádio, televisão e jornais de grande circulação. O IBAD foi o embrião do Instituto de Pesquisas e Estudos Sociais (IPES), criado em 1961, que teve expressiva participação no golpe de 1964.

Entre 31 de março e 1º de abril de 1964, durante a noite e toda a madrugada, o prédio da UNE esteve tomado por centenas de estudantes que ansiosamente acompanhavam o desdobramento dos acontecimentos, ainda sem acreditar na vitória do golpe. Estávamos dispostos a resistir, e afirmávamos, ingenuamente, em alto e bom som: *"Não pas-*

sarão!". De boca em boca, circulou a informação de que no dia seguinte deveríamos nos dirigir ao Centro Acadêmico Cândido de Oliveira (CACO), na Faculdade Nacional de Direito, ao lado do Campo de Santana e defronte à Central do Brasil, no centro do Rio, para juntos enfrentarmos e barrarmos o golpe civil-militar que se efetivava naquele momento. Nossa ingenuidade era imensa...

No dia seguinte, 1º de abril de 1964, o Comando-Geral dos Trabalhadores (CGT), orientado majoritariamente pelas políticas do PCB, decretou greve geral. Não havia ônibus circulando, e, para chegar ao CACO, tivemos que andar muito ou conseguir carona nos poucos caminhões que trafegavam. Eu morava no Méier, e fui para o Centro – assim como várias pessoas, não só militantes, mas também trabalhadores em geral – na boleia de um deles, que me levou da rua Dias da Cruz até a avenida Presidente Vargas. Dali, caminhei até o CACO, onde, naquela tarde, cerca de duzentos estudantes universitários se reuniam.

Eram alunos de diferentes cursos – Direito, Engenharia, Medicina, Economia, Ciências Sociais, História, Geografia, História Natural, Filosofia, Matemática, Química, Física, Pedagogia, Estatística e Astronomia. Fundamentalmente estavam presentes os comunistas do PCB e do PC do B, os católicos da Ação Popular (AP)[1] e muitos simpatizantes independentes. Havia duas jovens grávidas – ambas com cinco meses e meio de gestação de suas primeiras filhas: Flora Abreu Henrique da Costa, estudante de História, membro da AP, e Dora Henrique da Costa, estudante de Física, membro do PCB, cujos companheiros do PCB, dois irmãos, respectivamente estudantes de Ciências Sociais e Engenharia, hoje já falecidos, também estavam lá. Não achávamos que a gravidez fosse um empecilho para o envolvimento na militância: não havia tratamento diferenciado nem cuidados especiais com as companheiras que gestavam seus filhos – elas lutavam ao nosso lado, de forma igualitária, sem qualquer distinção em função de levarem um filho na barriga.

Naquela tarde, já trazíamos conosco a triste e traumática recordação da primeira morte a que assistimos. Antônio Carlos Silveira Alves, estudante do curso de Filosofia, estava no prédio da FNFi, prestes a se dirigir para o CACO, quando a arma carregada por um companheiro caiu no chão e a bala atingiu seu estômago. Levado para o Hospital

1. A Ação Popular (AP) foi uma organização política de esquerda criada em 1962, resultado da atuação dos militantes estudantis da Juventude Universitária Católica (JUC) e de outras agremiações da Ação Católica Brasileira.

Souza Aguiar, ali mesmo no centro, faleceu pouco tempo depois em função de hemorragia interna. Durante muitos e muitos anos, o fantasma dessa morte nos acompanhou, nos assombrou e nos fez calar sobre o acidente.

Circulava à boca pequena a informação de que receberíamos armas enviadas por oficiais fiéis ao governo João Goulart para resistirmos ao golpe, mesmo que a grande maioria de nós até aquele momento sequer tivesse segurado uma. As armas prometidas nunca chegaram, e fomos encurralados pelo Comando de Caça aos Comunistas (CCC), entre outros grupos paramilitares, pelo Serviço de Informação do Departamento de Ordem Política e Social (DOPS) e pela Polícia Federal. Não sabíamos do que se tratava quando as rajadas de metralhadora começaram a estilhaçar as vidraças do prédio centenário e as bombas de gás lacrimogêneo foram atiradas às dezenas. Sabíamos apenas que estávamos cercados por grupos que apoiavam o golpe civil-militar recém-vitorioso e que gritavam que iriam nos matar.

Nós nos movíamos abaixados, rente ao chão, para não sermos atingidos pelos tiros. Víamos pelas frestas das janelas carros incendiados e grupos que gritavam palavras de ordem anunciando a vitória do golpe e a queda do governo João Goulart.

Bloqueamos a porta de entrada do prédio com vários móveis pesados e permanecemos muitas horas nessa situação. Anoitecia e as constantes rajadas de metralhadoras faziam vidraças e pedaços de madeira das janelas voarem. As bombas tornavam-se cada vez mais intensas. Muitos de nós procurávamos refúgio nos banheiros, onde o cheiro de urina parecia amenizar o efeito do gás lacrimogêneo. Outros, como a companheira grávida Flora Abreu Henrique da Costa, tentavam acessar o telhado para por ele chegar ao prédio ao lado – que à época abrigava a Casa da Moeda e hoje é o Arquivo Nacional –, onde supostamente estariam em maior segurança.

Repentinamente, as rajadas e as bombas cessaram. Ouvimos a voz de um homem que batia à porta e aos gritos nos informava que era oficial do Exército, que estávamos cercados pelo CCC e outros grupos paramilitares, que queria entrar e conversar conosco e que salvaguardaria a integridade física de todos. Quando abrimos a porta, um jovem capitão de Cavalaria do Exército nos explicou a situação. O golpe tinha sido vitorioso, e ele garantia a nossa saída dali em pequenos grupos, indicando-nos os diferentes caminhos a tomar.

Muitos anos depois soubemos que se tratava de Ivan Cavalcante Proença,[2] que, ao ser informado do que ocorria, dirigiu-se ao local e, após realizar vários disparos para o alto contra os grupos paramilitares que tinham a ordem de atirar para nos matar, permitiu nossa saída, salvando assim nossas vidas – o que imediatamente lhe rendeu a prisão e a expulsão do Exército. Ele nos reuniu e informou que poderia dar cobertura até a avenida Presidente Vargas – a cerca de uma quadra e meia. Em uma declaração dada em vídeo para o GTNM/RJ, no dia 19 de outubro de 2020, na ocasião de celebração dos 35 anos desse movimento, Ivan afirmou que nada disso consta em seus registros como oficial – ou seja, é como se para o Exército esse fato nunca houvesse ocorrido.

Saímos em pequenos grupos de sete pessoas. No primeiro estavam Flora, Dora e seus companheiros – em uma prioridade dada às grávidas por Ivan Cavalcante. Em meu grupo, lembro-me apenas de Eli, companheira do vice-presidente da

2. Em seu livro *O golpe militar e civil de 64 -- 40 anos depois*, o hoje professor de Português e Literatura Brasileira, licenciado pela UERJ, mestre em Literatura Brasileira e doutor em Poética pela UFRJ, ex- professor-titular da FACHA em Cultura Brasileira, conta que foi preso e levado para a Fortaleza de Santa Cruz e, depois, para o Forte Imbuí. Cassado e perseguido desde o golpe de 1964, até hoje continua sem uma anistia ampla.

UNE,[3] Marcelo Cerqueira. Ao sairmos do CACO, vimos vários carros e viaturas oficiais incendiados diante da Central do Brasil e do Ministério da Guerra. Sem qualquer transporte, caminhamos pelas ruas desertas do centro. Seguimos pela Presidente Vargas até a Rio Branco, e de lá fomos em direção à praia do Flamengo. Quando passamos pelo prédio da UNE, onde estivemos no dia anterior, o vimos completamente em chamas. Chorando, paramos por alguns minutos, assombrados com tamanha violência. Naquele momento, Eli me perguntou por Marcelo, e eu lhe disse que ele já devia estar longe. Soube depois que ele imediatamente entrou na clandestinidade – e, depois, foi um advogado importante para inúmeros presos e perseguidos durante a ditadura.

De lá fui para um apartamento que tinha alugado com meu companheiro José Novaes, na rua Bento Lisboa, no bairro do Catete. Ficamos lá por dois dias, e saímos pouco antes de o apartamento ser invadido pela polícia. Estávamos com o casamento marcado para o dia 17 de abril daquele ano, mas nesse dia eu estava escondida, en-

---

3. O presidente da UNE era José Serra, membro da AP. Marcelo Cerqueira era filiado ao PCB. Esse arranjo, alternando a presidência e a vice-presidência da instituição entre os dois grupos, era muito comum.

caminhada pelo partido, na casa de um operário em Vila Isabel, onde fui gentilmente acolhida por mais de uma semana. Lamentavelmente, por mais que procurasse, nunca consegui identificar essa família – e sinto até hoje não ter podido agradecer pela hospitalidade, pelo cuidado e pelo carinho. A solidariedade entre os companheiros do partido era imensa, e pude senti-la de forma intensa nessa semana em que aquela família trabalhadora dividia sua pouca comida com uma estudante pequeno-burguesa, mas que para eles era, antes de tudo, uma camarada.

A maioria dos estudantes que estavam naquele terrível dia no CACO seguiu na resistência. Muitos entraram para a clandestinidade, alguns se exilaram, vários foram presos, e outros tantos são nossos mortos e desaparecidos. Passadas quase seis décadas, alguns poucos permanecem na luta para que essas e muitas outras histórias possam ser conhecidas por todos.

Posteriormente, soube que, naqueles dias pós-golpe, temerosa com os meus "livros subversivos" em casa, minha mãe saía à noite carregando-os em bolsas com um de meus irmãos e os atirava da ponte do Méier na linha do trem. Antes de destruí-los tinha o cuidado de eliminar qualquer possibilidade de identificação.

Respiros

Eu vou lhe dar de presente uma coisa.
É assim:
Borboleta é pétala que voa.

CLARICE LISPECTOR

Passados os primeiros atos institucionais, fomos informados pelo partido de que poderíamos voltar à vida normal. Retornei à faculdade alguns meses depois do golpe e respondi em liberdade a dois inquéritos policiais militares (IPMs) que ficaram ativos por alguns anos, motivados por meu pertencimento ao PCB e por meu trabalho no PNA. Tivemos como advogado – eu, meu companheiro e alguns amigos da FNFi – o jovem Antônio Carlos Barandier, já falecido, que generosamente nos defendeu sem cobrar honorários. Naquele momento, a cada conversa sobre os depoimentos prestados nos IPMs, brincávamos e ríamos, zombando das perguntas toscas que os militares nos faziam. Não podíamos imaginar o horror que estávamos prestes a experimentar. Apesar da perseguição do então diretor da FNFi, o catedrático de História Antiga e Medieval Eremildo Luis Viana (o famoso Eremildo, o Idiota, da coluna que o jornalista Elio Gaspari, companheiro do PCB, manteve no jornal *O Globo* anos depois), que me reprovou por motivações políticas, consegui concluir o curso de História em 1965.

Mesmo que o golpe se sagrasse vencedor, com Castelo Branco na Presidência da República e a instauração do Serviço Nacional de Informações (SNI), depois dele ainda conseguíamos acompanhar muitas produções artísticas e culturais críticas – e pode-se inclusive dizer que, apesar da ditadura, havia naquele momento uma hegemonia cultural da esquerda, mesmo que as ideias só circulassem em poucos e pequenos espaços fechados em uma espécie de circuito de espetáculos.

Parte dos escritores e artistas que participaram do CPC criou, após o seu fechamento, o Teatro Opinião, com trabalhos que em alguma medida seguiam a mesma política do centro de cultura vinculado à UNE. O CPC serviu de laboratório criativo, inventivo, nas artes em geral. Mesmo sob a forte influência da estética dura do PCB, o centro renovou as artes. Era o caso das peças que comovidamente acompanhei – como o show-manifesto *Opinião*, que estreou em dezembro de 1964 com Nara Leão (depois substituída por Maria Bethânia, no que seria uma espécie de estreia nacional da intérprete baiana), João do Valle e Zé Kéti. Criado por Armando Costa, Oduvaldo Vianna Filho e Paulo Pontes, com músicas de Zé Kéti e direção de Augusto Boal, levou mais de 100 mil espectadores ao teatro. Assisti também a outros espetáculos, como: *Arena canta Zumbi* (1965), com músicas de Edu Lobo e organizado por Gianfrancesco Guarnieri e Augusto Boal; *Liberdade, liberdade* (abril de 1965), de Flávio Rangel e Millôr Fernandes, com a interpretação de Paulo Autran, Teresa Rachel, Oduvaldo Vianna Filho e Nara Leão; *Se correr o bicho pega, se ficar o bicho come* (1966), de Ferreira Gullar e Oduvaldo Vianna Filho, com direção de Gianni Ratto e elenco formado por Agildo Ribeiro, Odete Lara, Osvaldo Loureiro e Marieta Severo; e *A saída? Onde fica a saída?* (1967), em uma adaptação de texto original de Frederick Cock acerca da guerra do Vietnã, com direção de João das Neves e elenco com Célia Helena e Oduvaldo Vianna Filho.

Esses foram alguns dos mais populares espetáculos aos quais assisti no Teatro Opinião, oficialmente estruturado em 1966 por Ferreira Gullar, Oduvaldo Vianna Filho, Teresa Aragão, Paulo Pontes, João das Neves e Armando Costa, entre outros. Ainda em 1967, a partir de alguns desentendimentos, Oduvaldo Vianna Filho, Armando Costa e Paulo Pontes deixam o grupo, e aos poucos os outros também vão se afastando. Apesar disso, os quatro anos de fundação são comemorados em uma discreta apresentação na qual também estive presente, com a montagem de *Antígona*, de Sófocles, sob a direção e a iniciativa de João das Neves.

A imprensa alternativa se fazia presente, principalmente, através do humor, com crítica política afiada no tabloide *Pif Paf*, criado por Millôr Fernandes, utilizando o título de uma seção que escrevia na revista *O Cruzeiro*. Foram publicados oito números ao longo de três meses, entre maio e agosto de 1964. Podemos considerá-lo o embrião do *Pasquim*, que surge anos depois, com a mesma equipe de colaboradores. Outra produção humorístico-política relevante da época são os textos publicados por Sergio Porto sob o pseudônimo Stanislaw Ponte Preta no jornal *Última Hora*, no qual escrevia crônicas que versavam sobre os acontecimentos pós-golpe de 1964 tratados com humor e sarcasmo. Tais textos foram reunidos em três livros sob o título FEBEAPÁ – *Festival de Besteiras que Assola o País*, publicados, respectivamente, em 1966, 1967 e 1968. Em 2015, os três volumes foram reunidos em um só livro editado pela Companhia das Letras.

Importante ressaltar também a revista *Tempo Brasileiro*, criada em 1962. Ela foi lida por nós antes e depois do golpe, e nos apresentava aos grandes filósofos, historiadores e literatos. Considerada plural, conhecida como "a controvérsia cultural do nosso tempo", a revista tentava sair da dicotomia capitalismo versus marxismo, apontando ser "uma tribuna emancipada, receptiva e propositiva". Foi criada por Eduardo Portella, que dirigia o Instituto Brasileiro de Estudos Afro-Asiáticos no governo João Goulart, e contou com colaboradores dos mais diferentes matizes. Podemos citar Emanuel Carneiro Leão, José Guilherme Merquior, Luiz Costa, Alceu Amoroso Lima, Chaim Samuel Katz, Muniz Sodré, Márcio Tavares d'Amaral, Carlos Henrique Escobar, entre outros. Além deles, diversos escritores se faziam presentes, como Clarice Lispector, Josué de Castro, João Cabral de Melo Neto e Jorge Amado, assim como vários filósofos, como Walter Benjamin, Martin Heidegger, Theodor Adorno, Jean-Paul Sartre, Merleau-Ponty, Lévi-Strauss, Michel Foucault, Roland Barthes. Buscavam o que diziam ser "o diálogo amplo". Apesar disso, tiveram vários números retirados das livrarias onde a revista era vendida, e o gerente da editora Tempo Brasileiro chegou a ser preso no início dos anos 1970.

Mesmo assim, a revista existe até os dias de hoje.

A música era um elemento cultural muito importante naquele momento. A partir dos festivais de Música Popular Brasileira (MPB) iniciados em 1965 e 1966 pela TV Record, multiplicam-se os diferentes festivais e shows universitários. Uma quantidade enorme de artistas do primeiro time de nossa música foi apresentada ao grande público neles: Chico Buarque, Edu Lobo, Caetano Veloso, Gilberto Gil, Gal Costa, Elis Regina, Geraldo Vandré, Ivan Lins, Gonzaguinha e outros fizeram aparições marcantes nessas disputas produzidas como espetáculos e transmitidos para todo o país. Boa parte da produção cultural de esquerda ainda se preocupava em preservar a chamada autenticidade da arte nacional, herança do CPC – não poupando esforços para mantê-la longe da ameaça da "invasão imperialista" em seus mais distintos matizes, como o *rock and roll* e a guitarra elétrica. Um dos representantes dessa vertente da MPB, lotando os auditórios onde era apresentado, foi o programa *O Fino da Bossa* (1965–1968), da TV Record, comandado por Elis Regina e Jair Rodrigues.

Apesar da preocupação das produções musicais e literárias da época em manter uma estética cult-nacionalista, algumas linhagens diferentes começam a surgir. Em 1967, é lançado o programa *A Jovem Guarda*. Nele, destacam-se Roberto e Erasmo Carlos. Distante do engajamento político, a dupla ganha espaço na mídia e repercute junto ao público – notadamente à juventude não universitária e às donas de casa de classe média. Seu iê-iê-iê de franca inspiração na música inglesa e estadunidense era por nós desqualificado como "cafona".

No campo audiovisual, muitos diretores – boa parte oriunda do CPC da UNE, como Cacá Diegues, Arnaldo Jabor e Joaquim Pedro de Andrade – fortalecem o movimento do Cinema Novo. Glauber Rocha, seu personagem mais célebre, faz filmes emblemáticos – que posteriormente se tornariam clássicos –, como *Deus e o Diabo na Terra do Sol* (1964), *O Dragão da Maldade contra o Santo Guerreiro* (1969) e, talvez o mais famoso de todos, *Terra em transe* (1967). Dando enorme importância à palavra e fazendo um grande número de adaptações de obras literárias – como *Vidas secas*[1] (1963), de Nelson Pereira dos Santos; *A hora e a vez de Augusto Matraga* (1965),[2] de Roberto Santos com roteiro de Gianfrancesco Guarnieri; e *Macunaíma* (1967),[3] de Joaquim Pedro de Andrade –, o Cinema Novo se interessa por temas sociais e inaugura uma nova linguagem na cinematografia brasileira.

---

1. Baseado na obra homônima de Graciliano Ramos, publicada em 1938.

2. Baseado no conto homônimo presente em *Sagarana* (1946), primeiro livro publicado por João Guimarães Rosa.

3. Baseado na obra-prima de Mário de Andrade, *Macunaíma: o herói sem nenhum caráter*, de 1928.

No cinema, não eram somente as produções nacionais que nos interessavam e, no Rio de Janeiro, o público desses filmes – a classe média cult de esquerda, também chamada de "esquerda festiva" – ficou conhecido como a "geração Paissandu", em uma menção ao nome da célebre sala no bairro do Flamengo. Gerida a partir de 1964 pela Cinemateca do Museu de Arte Moderna (MAM), foi outro ponto de encontro fundamental, dirigida, por sua vez, por Cosme Alves Neto, membro da AP. Era no Paissandu que assistíamos aos filmes de diretores da Nouvelle Vague francesa, como Jean-Luc Goddard e François Truffaut, quase como um rito, debatendo durante horas nos bares. Afinal, não eram apenas imagens projetadas em uma tela branca de uma sala escura, mas perspectivas de mundo que se apresentavam diante de nossos olhos encantados. Além do Paissandu, os espaços do MAM fervilhavam com os eventos teatrais, cinematográficos e a famosa exposição de artes plásticas *Opinião 65*, que fazia prolongar o debate acerca das linguagens emergentes nas artes. Estive várias vezes nessa exposição, da qual participaram, entre outros, Helio Oiticica, Antonio Dias, Carlos Vergara, Rubens Gerchman, Roberto Magalhães, Adriano de Aquino e Flavio Império.

Discordando do mito nacionalista e do discurso militante-populista ainda marcado pela estética do PCB, a partir de 1967, um grupo de artistas começa a desempenhar um papel fundamental não só para a música popular, mas para toda a produção cultural da época: a Tropicália. Diferenciando-se do discurso engajado, afirma-se como um movimento extremamente crítico e libertário que questiona não apenas os podres poderes da ditadura civil-militar, mas também a própria MPB e seus valores estabelecidos até então. Questiona o modo de vida da classe média do eixo Rio-São Paulo, sua maneira de se vestir, seu comportamento; enfim, toda uma estética bem comportada da juventude de esquerda. O movimento, conduzido principalmente por Caetano Veloso e Gilberto Gil, traz consigo uma irreverência que recupera a festa e a alegria como importantes modos de enfrentamento político; não mais a dureza do contra, mas a atitude de afirmação de uma linha de fuga que se produz no próprio processo de criação. No desvio das dicotomias e dualismos, zombam do Sistema produzindo outros caminhos e inaugurando outra estética. Inspirados em Oswald de Andrade e seu *Manifesto Antropofágico,* redigido em 1928, travam um combate de interpretações entre as forças presentes nesta nova estética e os partidários das canções de protesto, como, por exemplo, Sidney Miller e Geraldo Vandré.[4] Para o tropicalismo, mais do que repelir todo e qualquer produto vindo de fora, a devoração do bispo Sardinha feita pelos tupinambás, apresentada por Oswald no *Manifesto*, dá o tom das práticas antropofágicas: devorar o estrangeiro para tornar-se mais forte.

E é isso que Caetano e Gil fazem em outubro de 1967, quando, no III Festival da MPB, realizam as primeiras incursões da guitarra elétrica em nosso cancioneiro. Mesmo que naquele momento ainda não fossem assim nomeadas, as participações dos músicos baianos, respectivamente com "Alegria, Alegria" e "Domingo no parque", podem ser consideradas os atos inaugurais do movimento tropicalista, que rompia com a forma estética e politicamente ortodoxa. Com um conteúdo simultaneamente alegre e agressivo, a Tropicália apresenta

---

4. Vandré, autor de um dos hinos mais marcantes da resistência, "Pra não dizer que não falei das flores", em 1968 passou a ser procurado pela repressão e conseguiu sair do Brasil. Exilou-se em vários países. Em 1973, após o golpe no Chile, em pleno governo Médici, retornou, e meses depois apareceu na televisão renegando sua luta anterior. Compôs, inclusive, posteriormente, uma canção em homenagem à Força Aérea Brasileira, "Fabiana". O que aconteceu a Vandré nos porões da ditadura continua sendo uma incógnita. Sua brilhante carreira foi interrompida ali.

a força dos impulsos eróticos e festivos – o que não foi nem bem compreendido nem bem aceito pela maioria dos estudantes de esquerda da época.

No ano seguinte, no III Festival Internacional da Canção Popular, da Rede Globo, após a desclassificação de Gilberto Gil, que concorria com "Questão de ordem", Caetano Veloso decide fazer de sua apresentação uma espécie de *happening*, visando arrebentar a estrutura mercadológica detectada por eles na organização e no funcionamento dos festivais. "Proibido Proibir", canção cujo título inspirava-se em um grafite escrito nos muros de Paris pelos insurrectos do célebre Maio de 68, que o compositor baiano havia visto em uma fotografia na revista *Manchete*, transforma-se em um discurso indignado e libertário. Era anarquismo demais para uma juventude criada na creche do Partidão! Acompanhado musicalmente pelos Mutantes, banda de jovens paulistas, em meio às vaias do público, Caetano faz um pronunciamento histórico que ficaria famoso por apontar o conservadorismo daqueles que diziam querer mudar o país – e que operou um intenso impacto e uma imensa intervenção em mim, que o elogiei, a despeito da maioria de meus amigos e companheiros terem criticado o compositor baiano: "(...) mas é isso que é a juventude que diz que quer tomar o poder? Mas que juventude é essa? (...) vocês estão por fora! (...) Vocês são iguais sabem a quem? (...) àqueles que foram na *Roda Viva* espancar os atores! Vocês não diferem em nada deles. (...) o problema é o seguinte: estão querendo policiar a música brasileira. (...) se vocês forem... se vocês, em política, forem como são em estética, estamos feitos! (...)".

Sempre fui atraída pela força de ruptura e pelo tom libertário – como o que Caetano, Gil e os artistas da Tropicália empregavam em suas criações e performances. Essas duas forças estavam em luta dentro de mim – a guitarra elétrica e a autenticidade do samba, o nacionalismo e a devoração, a seriedade do comunismo e a alegria da contracultura.

A geração de 1968, produzida em grande medida junto ao tropicalismo com sua intrínseca relação entre política e estética, traz consigo a marca dos movimentos contraculturais que não se encaixavam exatamente nos ditames e diretrizes de uma esquerda mais tradicional. Com ela, outras pautas para além da "conscientização" e da "luta de classes" entram também no jogo político. É neste contexto que se provam e aprovam novos valores e padrões de comportamento. Abandonam-se os antigos modos de vestir, de falar, de morar e de comer. Cabelos longos e roupas coloridas são marcas importantes da época, assim como a ênfase em inúmeras experimentações perceptivas que visavam ao alargamento dos limites do corpo em busca de liberações como o uso de drogas e a prática da liberdade sexual. Pautas relativas às questões de gênero e suas implicações tornam-se importantes. Apesar das limitações impostas também por nossos próprios companheiros de luta, começa a ocorrer a valorização da participação da mulher, não somente no que diz respeito à profissão, mas principalmente em relação ao engajamento político. O poder do pai e a submissão da mãe e dos filhos são cotidianamente questionados – e o modelo de relacionamento de família da geração anterior era ridicularizado pela imposição dos valores burgueses. O casamento deixa de ser, para nós, a única perspectiva honrada de independência da família, e passamos a explorar novos caminhos em que a satisfação pessoal no trabalho, na sexualidade e em outras esferas da vida passa a ser fundamental. Com as discussões sobre o direito ao aborto e com a pílula anticoncepcional, ter filhos torna-se, até certo ponto, uma escolha. A monogamia começa a ser discutida e o tabu da virgindade é desqualificado até gradativamente cair por terra junto com a chegada da minissaia e do biquíni.

Nos anos imediatamente pós-golpe, ainda íamos ao Paissandu e ao MAM – não só para a

Cinemateca, mas também para conviver nos pilotis projetados pelo arquiteto Affonso Eduardo Reidy. Acompanhamos os encantamentos, as tensões, as divergências e as disputas de sentido da produção cultural da esquerda brasileira. Também por influência dela, derrubamos muitos tabus, e, além da coragem de sonhar e querer transformar esse sonho em realidade, tivemos a ousadia de desafiar e enfrentar um Estado de terror que nos fez viver visceralmente a presença assustadora da morte e da violência quando envolvemo-nos direta e indiretamente na luta contra a ditadura. Esta foi sem dúvida a experiência – não só a da tortura, mas a da militância – mais visceral de toda a minha vida, e que nos anos seguintes ganharia uma dimensão inimaginável.

A vida insiste no horror

É sempre difícil
Ancorar um navio no espaço.
ANA CRISTINA CÉSAR

Na segunda metade dos anos 1960, os estudantes reivindicavam pautas que vinham desde o começo da década e que o golpe havia, ao menos em parte, arrefecido – como mais verbas para as escolas e universidades e maior participação nas instâncias decisórias. O assassinato do secundarista Edson Luiz, morto pela polícia em um confronto no restaurante Calabouço, em março de 1968, no centro do Rio de Janeiro, motivado por um protesto contra o aumento do preço da comida, foi a faísca que faltava a um monte de palha seca – uma espécie de estopim que desencadeou reações fortes por parte de alguns segmentos da sociedade que se sentia sufocada pelo regime militar. Foi o primeiro assassinato de um estudante pelas forças da repressão. Seu enterro e sua missa de sétimo dia transformaram-se em veementes atos de protestos contra a ditadura – quando se registraram atos violentos da polícia.

Nos meses seguintes, alastram-se manifestações estudantis nas principais cidades do país – Rio de Janeiro e Brasília tiveram suas universidades violentamente invadidas pelo Exército. Estão sendo criadas as condições para a Passeata dos Cem Mil, realizada no Rio de Janeiro em junho de 1968. Na ocasião, mesmo sendo uma jovem mãe, participo da passeata e acompanho de perto a organização dos desdobramentos daquela emocionante manifestação: uma comissão reunindo representantes dos estudantes, dos profissionais liberais, dos professores, dos religiosos e das mães dos estudantes para dialogar com o governo do general Costa e Silva. A principal reivindicação é a libertação dos presos em manifestações anteriores. Diante da recusa do governo, as conversações são rompidas. Em outubro, realiza-se o célebre congresso da UNE, já na clandestinidade, em Ibiúna, interior de São Paulo, quando cerca de setecentos estudantes são presos. O evento permite à repressão o mapeamento por fotos de todas as principais lideranças do movimento estudantil brasileiro. Tais fotos são, posteriormente, usadas nos interrogatórios nos DOPS e nos DOI-CODIS facilitando o reconhecimento de muitos companheiros que já estavam na clandestinidade.

O movimento entra em uma espécie de refluxo, pois qualquer manifestação de protesto organizada é respondida à bala pela polícia, com inúmeras prisões em ações que provocam muita indignação, mas também desânimo e medo. A repressão passa a agir de forma cada vez mais violenta, em algumas situações fazendo uso de grupos paramilitares que jogam bombas em teatros, editoras, jornais, espaços culturais, faculdades, igrejas, hospitais, sequestrando e agredindo artistas, estudantes, professores e qualquer pessoa que por acaso estivesse nesses locais. Assisti à violenta invasão da polícia na Faculdade Nacional de Medicina, no Rio de Janeiro, em 1967, ocupada pelos estudantes. Eles foram massacrados com golpes de cassetetes em um "corredor polonês", produzindo dezenas de feridos. Da mesma maneira, a peça *Roda Viva*, de Chico Buarque de Hollanda, encenada pelo grupo do Teatro Oficina e dirigida por José Celso Martinez Correa, é proibida em todo o território nacional por ser considerada um show depravado. Estreou no Rio de Janeiro no início de 1968. Ao assisti-la fui tomada por grande emoção e pude experimentar o clima de tensão presente. Posteriormente, quando ocorreu a encenação em São Paulo em julho, foi invadida pelo CCC, que destruiu o cenário no teatro Ruth Escobar e espancou os artistas. Armados de revólveres, cassetetes, soco-inglês e martelos, despiram as atrizes e obrigaram Marília Pêra e Rodrigo Santiago, também nus, a irem para a rua. No mês de setembro, em Porto Alegre, a violência se repetiu e se intensificou, com os atores sendo espancados e, dessa vez, sequestrados e levados a um parque na cidade vizinha de Viamão, onde foram obrigados a passar a noite e liberados apenas no dia seguinte. As manifestações desviantes do ideário militarista-ditatorial foram duramente perseguidas, as criações, bloqueadas, impedindo todo e qualquer agenciamento que ousasse se expressar diferentemente.

Denuncia-se no Parlamento nacional ações criminosas de uma tropa de elite da Aeronáutica (o PARA-SAR), envolvida em várias missões macabras: planos terroristas que visavam explodir o Gasômetro na região portuária do Rio de Janeiro e fazer atentados a vários políticos como Juscelino Kubitschek e Carlos Lacerda, entre outros. Isto é desmentido pelo ministro da Aeronáutica, mas confirmado por vários oficiais, que são presos e afastados de suas funções. Foi denunciado publicamente por Sérgio Riberio Miranda de Carvalho, conhecido como Capitão Sérgio Macaco, preso e expulso da Aeronáutica, tendo falecido sem nunca ter conseguido uma anistia efetivamente ampla, como todos os demais militares que resistiram aos atos criminosos da ditadura. O PARA-SAR foi criado em 1963 como Esquadrão Paraquedista de Operações Especiais de Busca e Resgate da Força Aérea Brasileira e comandado pelo coronel João

Paulo Burnier,[1] que, em 1971, participou das torturas e do assassinato de Stuart Angel Jones, na base aérea do Galeão, desaparecido até os dias de hoje.

Os movimentos de oposição vão sendo encurralados. Frente ao cenário de terror, polarizam-se duas posições de resistência na esquerda: uma propondo o enfrentamento direto com a ditadura, e outra, defendida pelo PCB, apontando para a acumulação de forças. A derrota de 1964 e os atos extremamente violentos dessas forças macabras indicam, para muitos, que não há tempo a perder. Cresce o número de mortos, presos e exilados. Por outro lado, os exemplos de Ho Chi Min, no Vietnã, de Che Guevara e Régis Debray, na Bolívia, apontam para o caminho de uma possível resistência armada. As greves operárias em Contagem e em Osasco, com a ocupação de algumas empresas pelos trabalhadores, fortalecem o enfrentamento do regime. Régis Debray, em seu livro *A Revolução na Revolução*, que líamos muito, representa a tentativa de elaborar uma estratégia do foquismo na América Latina. Trata-se de uma teoria revolucionária inspirada nas ideias de Che Guevara e ado-

---

1. João Paulo Burnier fez curso na Escola das Américas, responsável por formar torturadores civis e militares para as ditaduras latino-americanas. Importante salientar que ele foi o idealizador de missões terroristas do PARA-SAR, em 1963.

tada nos anos 1960 pelos grupos de esquerda que consistia em criar "focos de revolução" como um modo de enfraquecer o imperialismo. É nesse sentido que, após a vitória da Revolução Cubana, Che deixa Cuba para dar continuidade a seu projeto revolucionário: "Criar um, dois, três, muitos Vietnãs na América Latina".

É nesse período que, no Brasil, surgem várias organizações clandestinas, a maioria oriunda de dissidências do PCB que, de diferentes formas, apostavam no confronto direto com a ditadura através da luta armada: Partido Comunista Brasileiro Revolucionário (PCBR), Ação Libertadora Nacional (ALN), Movimento Revolucionário 8 de Outubro (MR-8) – em homenagem à data do assassinato de Che Guevara na Bolívia, em 1967 –, Vanguarda Armada Revolucionária-Palmares (VAR-Palmares), Vanguarda Popular Revolucionária, surgida de um racha da POLOP (VPR), entre outras. Muitas começam, inclusive, a estruturar os próprios grupos armados de forma precária, com alguns membros recebendo treinamento específico no exterior; outras deslocam alguns de seus quadros, já na clandestinidade, para as fábricas e para o campo na preparação de um projeto de guerrilha urbana e rural.

O governo militar, ao contrário do que afirmavam alguns companheiros, não se mostrava acuado, mantendo-se na ofensiva: levar às últimas consequências seu modelo de desenvolvimento econômico e social. Está armada a cena para o golpe dentro do golpe: o Ato Institucional nº 5 (AI-5), em 13 de dezembro de 1968. A partir dele, o regime militar consolida o terrorismo de Estado, sua forma mais brutal de atuação, através de uma série de medidas como o fortalecimento do aparato repressivo com base na Doutrina de Segurança Nacional, que considera todo e qualquer opositor ao regime como "inimigo interno" e "traidor da pátria": não se podem tolerar os antagonismos internos. A partir desse momento, silencia-se, criminaliza-se e massacra-se toda e qualquer pessoa que ouse levantar a voz – porque divergir do regime é um crime, e, como tal, será punido.

Em 1967, o Centro de Informações do Exército (CIE) é organizado. Em 1969, é a vez de a Aeronáutica criar seu Centro de Informações (CISA). Esses se somam ao da Marinha (CENIMAR), que surge em 1947 e é reorganizado em 1955 e 1971. O Serviço Nacional de Informação (SNI), já em funcionamento desde 1964, passa a se conectar aos governos estaduais, às administrações municipais e a empresas privadas. Torna-se, a partir de 1968, o órgão da repressão mais importante do Brasil – com uma agência em cada Ministério, órgão estatal e universidade. Em São Paulo, é criada, também em 1968, uma força unificada antiguerrilha que recebe financiamentos privados e públicos: a Operação Bandeirante (OBAN). No início dos anos 1970, ela se institucionaliza como DOI/CODI-SP (Destacamento de Operações e Informações/Centro de Operações de Defesa Interna), ficando sob a jurisdição do Comando Regional do Exército. Em cada região do país estruturam-se destacamentos semelhantes, ligados às três armas, à Polícia Federal, às polícias estaduais, ao DOPS, às polícias militares, aos corpos de Bombeiros, todos sob o comando do Exército, o que indica uma integração maior entre os organismos repressivos, de segurança e informação já existentes para melhorar a eficácia da repressão. Os DOI/CODIS passam a dispor do comando efetivo sobre todos os órgãos de segurança existentes em uma região militar – e chega-se a falar de um Estado dentro do Estado. Nenhuma outra ditadura da América Latina teve um sistema de segurança, informação e repressão tão bem elaborado e complexo como o brasileiro.

Além disso, havia ainda os grupos paramilitares, também alimentados com financiamentos privados e públicos, e o fortalecimento dos chamados

Esquadrões da Morte – utilizados supostamente como instrumentos para diminuir os índices de criminalidade entre as populações marginalizadas das periferias das grandes cidades, funcionando como grupos de extermínio ligados, também, às polícias políticas. Seus líderes, ao fazerem parte do aparelho repressivo, tornam-se heróis nacionais intocáveis pela Justiça, e aqueles que ousam apontar seus crimes violentos são identificados como inimigos do regime e assim tratados.

Neste cenário sufocante e altamente repressivo, a tortura passa a ser prática comum e oficial utilizada pelo Estado brasileiro a fim de amedrontar, fragilizar e pulverizar os opositores – e, com isso, levar a uma espécie de torpor social. O primeiro desaparecimento ocorre em 1969. Trata-se de Virgílio Gomes da Silva, da ALN, que participou do sequestro do embaixador norte-americano Charles Burke Elbrick, realizado em 4 de setembro de 1969, no Rio de Janeiro, pelo MR-8 e ALN, quando 15 presos foram libertados, tendo sido acolhidos no México como exilados. A partir de 1970, o desaparecimento dos opositores se torna uma prática constante e absolutamente macabra, já que é um modo de manter a tortura contínua sobre os familiares que procuram seus desaparecidos até os dias de hoje. O Brasil importou essa figura da Guerra da Argélia e a exportou para as demais ditaduras latino-americanas, posteriores ao golpe de 1964. Em 1990, levantamento de grupos de Direitos Humanos apontaram que a cifra de desaparecidos nos países latino-americanos que viveram sob ditaduras ultrapassava os 90 mil. Além da figura do desaparecido, a ditadura brasileira exporta também seu know-how de tortura para as outras ditaduras latino-americanas que se estabelecem no começo dos anos 1970, quando a América do Sul cobre-se de pesadas nuvens: em 1973, há os golpes no Chile e no Uruguai e, em 1976, é a vez da Argentina.

No Brasil, a censura torna-se feroz e violenta, dificultando e impedindo a circulação de qualquer manifestação de caráter crítico. Não por acaso, a época em que mais se persegue, sequestra e tortura os considerados subversivos passa a ser conhecida como a era do "milagre brasileiro":[2] vende-se a ideia de que o país é uma ilha de tranquilidade, de progresso e bem-estar. Vive-se um clima de ufanismo, com a construção de obras faraônicas,

2. O termo refere-se ao crescimento econômico ocorrido no Brasil entre os anos de 1968 a 1973, caracterizado pela aceleração do crescimento do Produto Interno Bruto, industrialização e inflação baixa.

como, por exemplo, a rodovia Transamazônica[3] e a ponte Rio-Niterói,[4] e com a classe média fazendo uso das sobras econômicas para consumir todo tipo de bens. O slogan "Brasil, Ame-o ou Deixe-o" – apesar do terror, o humor como forma de resistência se fazia presente; a este slogan acrescentávamos: "o último a sair apague a luz do aeroporto" – e o tema composto para a seleção brasileira[5] na Copa do Mundo de 1970 são índices importantes da produção subjetiva deste período, fortemente marcada pelo assujeitamento à ordem social forjada, fortalecida e imposta pelo governo militar. Vencida pela seleção brasileira, essa Copa do Mundo foi a primeira da história a ser transmi-

3. A BR-230 foi inaugurada em agosto de 1972, no governo Médici, com 4.260 quilômetros de extensão e percorrendo sete estados: Paraíba, Ceará, Piauí, Maranhão, Tocantins, Pará e Amazonas. Foi à época, e continua sendo até hoje, uma causa direta do desmatamento e da invasão de terras indígenas em toda a região.

4. A ponte Rio-Niterói teve as obras iniciadas em janeiro de 1969, no governo Costa e Silva, e terminadas em março de 1974, no governo Médici. Houve vários acidentes em sua construção, que pouco saíam nos jornais da época e nos quais morreram dezenas de operários – alguns deles concretados junto com os pilares que a sustentam. É a maior ponte do Brasil.

5. Noventa milhões em ação / Pra frente, Brasil / Do meu coração / Todos juntos, vamos / Pra frente, Brasil / Salve a seleção / De repente é aquela corrente pra frente / Parece que todo o Brasil deu as mãos / Todos ligados na mesma emoção, tudo é um só coração / Todos juntos vamos, pra frente, Brasil / Salve a seleção.

tida ao vivo – justamente em um momento em que a televisão começa a ser um dos bens mais estimados pela classe média e pelas camadas mais pobres. Em alguns "horários nobres", como os das novelas e do programa do Chacrinha, inaugura-se um ritual familiar em torno da TV. É o reinado da Rede Globo como dispositivo midiático hegemônico que funciona como produto e, ao mesmo tempo, produtor de subjetividades nos mais diversos âmbitos da vida nacional. É exatamente neste momento, em março e junho de 1970, que acontecem dois outros sequestros de diplomatas. Em 11 de março, o cônsul japonês Nobuo Okuchi foi sequestrado em São Paulo pela VPR, quando cinco presos que haviam sido brutalmente torturados foram libertados, inclusive uma freira. Foram acolhidos também pelo governo mexicano, como os presos trocados pelo embaixador norte-americano. Em 11 de junho, durante a Copa do Mundo, acontece no Rio de Janeiro o sequestro do embaixador alemão Ehrenfried Von Holleben, em uma ação realizada pela ALN e VPR. Um ato de resistência que consegue libertar quarenta companheiros que estavam presos e massacrados nas mãos do aparato repressivo ditatorial, tendo sido acolhidos pelo governo argelino.

A defesa da ordem, da hierarquia, da disciplina e da submissão é enfatizada em tempo integral e o medo da autoridade impera até mesmo nos detalhes mais ínfimos do cotidiano. A despeito do conformismo político, contudo, há resistências em vários âmbitos – tentativas de se criarem territórios singulares de enfrentamento para além dos três sequestros de diplomatas efetuados desde 1969, libertando companheiros que eram violentamente torturados nos cárceres da ditadura. Se é verdade que shows e espetáculos teatrais praticamente já não ocorriam, também é verdade que o cinema e a mídia alternativa ainda nos colocavam em contato com produções críticas. Embora de forma mais contida, além de aplaudir os sequestros, continuávamos frequentando o Paissandu e o MAM – lugares onde não só assistíamos aos filmes franceses e tchecos que nos encantavam, mas também convivíamos e acessávamos algumas produções da imprensa independente e alternativa.

Acompanhava também de perto o Cinema Marginal, chamado de Cinema Udi Grudi (1968–1973), tendo como principais produtoras a Boca do Lixo (SP) e Bel-Air Filmes (RJ). Surge de rupturas com o Cinema Novo, associando-se mais ao movimento contracultural e ao autodenominado movimento revolucionário e de guerrilha, sendo forte a relação com o tropicalismo e sofrendo grande repressão e censura pelo seu teor violento e sexual, que seguia o que denominavam "estética do lixo". Realizavam propositalmente muitos de seus filmes para chocar, para "acordar", ou como dizíamos: *épater la bourgeoisie*. Seus representantes mais importantes foram Rogério Sganzerla, principalmente com o filme *O bandido da luz vermelha* (1968), Júlio Bressane, com *Matou a família e foi ao cinema* (1969), e Ozualdo Candeias, com *A margem* (1967), entre outros. São filmes que tratam do cotidiano de modo sarcástico e debochado, com críticas ferrenhas aos comportamentos burgueses. Em meados dos anos 1970, Rogério Sganzerla, Julio Bressane e a atriz Helena Ignez, muito presente em seus filmes, são intimados pelo governo a deixar o país. Poucos de seus trabalhos entraram em exibição comercial. A maioria, naquele período, passava na cinemateca do MAM. Não pretendiam apenas contestar o cinema convencional, mas, acima de tudo, abalar suas bases, questionando a própria estrutura com códigos de espectadoralidade, de construção narrativa e de linguagem visual. No final dos anos 1970 fui rever, em um pequeno cinema de subúrbio no Méier, o filme *Matou a família e foi ao cinema*, que havia visto no MAM no final dos anos 1960. A plateia ria com as violentas cenas de tortura, em que o personagem é estuprado com um cassetete. A reação da plateia era de deboche, e percebi como a tortura se naturalizava no Brasil – produzindo em mim ânsia de vômito.

Na imprensa alternativa, destacamos, em especial, o semanário *O Pasquim* (1969–1991), caracterizado pelo diálogo sarcástico de humor ácido entre o cenário da contracultura e seu papel de oposição ferrenha ao regime militar. De uma tiragem inicial de 20 mil exemplares, em seu auge, em meados dos anos 1970, atingiu a marca de mais de 200 mil, tornando-se um dos maiores fenômenos do mercado editorial brasileiro, sendo vendido nas bancas de jornal. Após o AI-5, *O Pasquim* passou a ser o porta-voz da indignação sociopolítica brasileira. Seus fundadores foram Jaguar, Tarso de Castro, Sergio Cabral e Ziraldo; entre os colaboradores estavam Henfil, Millôr Fernandes, Paulo Francis, Ivan Lessa, Miguel Paiva, Ruy Castro e Fausto Wolff. É importante ressaltar a coluna criada e redigida por Luiz Carlos Maciel, *Underground*, que nos apresentava o ideário libertário da contracultura mostrando a concepção de liberdade proposta pelo movimento. A seção era rechaçada por parte da esquerda, que gostava das demais entrevistas e reportagens, mas sentia certo mal-estar com essa coluna. No ápice da fama, em 1970, sua sede em Botafogo foi alvo de dois atentados a bomba. Grande parte de sua equipe foi presa em novembro de 1970 no DOI-CODI/RJ, sendo libertada dois meses depois. Apesar disso, o jornal continuou sendo editado e ganhando novos colaboradores ao longo de seus 22 anos de existência.

Distantes da suposta neutralidade dos veículos tradicionais, publicações menores, como *Flor do Mal* (1971), *Opinião* (1972) e, especialmente, o *Bondinho* e *A Pomba* (1970), eram vendidas em algumas livrarias, no cinema Paissandu e no MAM, e, como *O Pasquim*, nos informavam sobre temas não veiculados nos grandes meios de comunicação, como a poesia *beatnik* norte-americana, a utilização de alucinógenos, a liberação sexual e a loucura, e sobre autores como Marshall McLuhan, Herbert Marcuse, Norman Mailer e Michel Foucault.

Também a poesia marginal, da chamada geração mimeógrafo, atingia as artes de modo geral, mas principalmente a literatura. A famosa frase do poema-bandeira de Hélio Oiticica, "Seja Marginal, Seja Herói", é uma espécie de síntese desse movimento influenciado pela contracultura e que contou com figuras como Paulo Leminski, Ana Cristina César, Torquato Neto, José Agripinno de Paula, Wally Salomão, Francisco Alvim, Chacal e Cacaso. A frase de Hélio Oiticica estava exposta no famoso show feito por Caetano Veloso, Gilberto Gil e Os Mutantes na Boate Sucata, no

Rio de Janeiro, entre outubro e novembro de 1968, que, a partir de denúncias estapafúrdias do jornalista Randal Juliano, motivou a prisão dos músicos baianos em 1969.

Na música, seguindo o rastro do tropicalismo, destacam-se Tom Zé, Jards Macalé, Jorge Mautner e Torquato Neto. Podemos citar também Sérgio Sampaio e Luiz Melodia – todos considerados malditos e preteridos pelas grandes gravadoras da época. O último ato coletivo desse grupo foi o lançamento da revista *Navilouca*, organizada por Torquato Neto e Wally Salomão nos anos de 1972 e 1973, mostrando que, a despeito das intenções totalitárias, aqui e ali, a vida em sua diversidade pulsante escapava aos ditames do terrorismo de Estado. Correndo por fora e na mesma sintonia, em 1973–74, Raul Seixas[6] emplaca seus versos extremamente críticos em uma mistura de rock e baião que me afeta profundamente. Alguns desses artistas têm um fim triste, como em suicídios e mortes precoces. Para eles, o ar que eles mesmos ajudavam a tornar respirável infelizmente parece não ter sido bastante.

* * *

6. Em especial suas músicas "Ouro de tolo", "Mosca na sopa", "Metamorfose ambulante", "Sociedade Alternativa" e "Gita".

Em 1966, fui aprovada no concurso para docente de História na Secretaria de Educação do Estado do Rio de Janeiro. Naquele período ainda não era exigido o "atestado de ideologia", que, após o AI-5, obrigava toda e qualquer pessoa que fosse prestar concurso público a solicitar ao DOPS um documento certificando de que esta não tinha "antecedentes subversivos". O "atestado de ideologia" só caiu em 1979, com a supressão de alguns artigos da Lei de Segurança Nacional. Foi quando pude fazer o concurso de docente para a Universidade Federal Fluminense – UFF, em que fui aprovada. Entre 1966 a 1970, embora já fosse professora com duas matrículas no estado, lecionava também nos chamados cursinhos de *Artigo 99* – espécies de cursos supletivos – e em escolas particulares. Em 1970, iniciei a graduação em Psicologia na Universidade Gama Filho. Trabalhei como professora do estado até 1981, quando pedi exoneração para me dedicar em tempo integral à UFF.

No final dos anos de 1960, aproximei-me de alguns militantes do movimento estudantil, conhecidos nas passeatas e mobilizações, que, posteriormente, viriam a constituir o MR-8. Como tinha vida legal, estava casada e tinha um filho, passei a fornecer infraestrutura e apoio a vários companheiros, vinculados a diferentes organizações políticas de resistência, que já estavam na clandestinidade e/ou presos entre 1968 a 1970. Fazíamos coleta mensal de dinheiro para suas famílias, e oferecíamos nossa casa para reuniões de organizações que, às vezes, nem sabíamos quais eram. Muitos companheiros clandestinos circulavam anonimamente em nossa casa, passando dias ou apenas uma noite. Anos depois, no final da década de 1970, já no Comitê Brasileiro pela Anistia (CBA) e no GTNM/RJ, em meados dos anos 1980, soube através de fotos quem eram essas pessoas com as quais convivíamos. Foi um momento de grande tristeza e comoção: aqueles acolhidos solidariamente em minha casa como amigos-companheiros anônimos, em sua grande maioria, tinham sido mortos ou estavam desaparecidos.

Embora discordasse profundamente da linha pacifista defendida pelo PCB, também não achava que o caminho seria pegar em armas contra um governo repressivo que se fortalecia cada vez mais. Com o campo dividido majoritariamente entre essas duas opções que não me convenciam, minhas questões eram imensas. Não sabia qual era o caminho, mas sabia que pela linha do PCB não era – e, na dúvida, acolhia os companheiros mesmo sabendo que estava me expondo e correndo risco de vida. Não foi à toa que tive, com a ajuda de meus irmãos e amigos, o cuidado de retirar de casa os livros canônicos de cunho comunista, como as obras completas de Marx, Engels, Lenin, Mao, além dos livros de economistas, filósofos e historiadores marxistas. Eu os encaminhei para as residências de amigos confiáveis que não tinham qualquer militância política. Depois da minha prisão, soube que, no dia seguinte à minha detenção, meus irmãos e amigos – antes de serem presos – tiveram o cuidado de retirar os livros das casas onde tinham sido guardados para não correrem o risco de comprometer essas pessoas. Toda essa biblioteca – que jamais conseguimos recompor – foi queimada.

Uma poesia que retrata bem minha posição e minha divisão naquele período é o "Cântico negro", de José Régio, principalmente o trecho final: "Não sei por onde vou / Não sei para onde vou / Sei que não vou por aí!".

Em setembro de 1969, antes e depois da ação, abriguei alguns companheiros vinculados ao MR-8 que participaram do sequestro do embaixador norte-americano Charles Elbrick: Franklin Martins, José Roberto Spiegner (assassinado em fevereiro de 1970 pela repressão) e Fernando Gabeira, entre outros. Por meio de uma denúncia anônima vinda do CENIMAR, minha casa foi monitorada por cerca de um mês, entre julho e agosto de 1970, sem que eu sequer desconfiasse. Só soube dessa informação depois da minha prisão. Felizmente, naquele período nenhum companheiro esteve em minha casa e um documento que poderia nos comprometer foi cuidadosamente queimado pelo meu cunhado João Novaes, por solicitação minha.

No dia 26 de agosto de 1970, no final da tarde, o Serviço de Buscas do DOPS/RJ invadiu minha residência e apreendeu centenas de livros e alguns documentos. Não havia mais qualquer livro "subversivo". Levaram obras como *Memórias de um sargento de milícias*, uma coleção completa de contos russos e outra de poetas russos; assim como as *Obras Completas de Pavlov* e outros. Fui presa e levada junto com meu companheiro José Novaes pelo inspetor que parecia chefiar a operação, Jair Gonçalves da Mota,[7] para a sede do DOPS, na rua da Relação, no centro do Rio de Janeiro. Ao chegar ao segundo andar do prédio, o coronel Mário Borges,[8] diretor daquele departamento, recebeu-nos com gritos, impropérios e palavrões que me inti-

---

7. Jair Gonçalves da Motta era inspetor da Polícia Federal, lotado no DOPS/RJ. Também atuou no CISA, em 1971. Era conhecido como Capitão. Tinha livre trânsito no DOI-CODI/RJ.

8. Mário Borges era comissário da Polícia Federal, lotado no DOPS/RJ desde 1966. Era conhecido como Capitão Bob.

midavam: "Fale, sua puta comunista, com quantos você já trepou hoje?". [9]

Fui separada de meu companheiro e levada a uma sala naquele mesmo andar, onde dois homens se revezavam ininterruptamente no interrogatório. Queriam que eu escrevesse sobre minhas atividades, chamadas por eles de subversivas, e informasse a origem de um dos documentos encontrados em minha residência. Fiquei sob interrogatório, sendo agredida verbalmente por toda aquela tarde, noite e grande parte do dia seguinte.

9. Em 2009, fui assistir à peça *Lembrar, Resistir* escrita em 1999, em comemoração aos Vinte Anos da Anistia, de Izaías Almada, Analy Alvarez e Nelson Xavier. A montagem era encenada nos antigos DEOPS-SP e DOPS-RJ. No Rio de Janeiro, foi adaptada pelo escritor Ivan Jaf para incluir personagens que ficaram presos naquele prédio. Já de início, um ator vestido de soldado começa a dizer impropérios para a plateia, e neste momento já comecei a me sentir mal, pois experimentei um retorno às situações de violência que lá vivi. A peça percorria alguns andares e chegava às celas no quarto andar, onde meu companheiro à época ficou preso. A produção do espetáculo havia restaurado frases que estavam escritas nas paredes, e foi muito impactante. Quando entrei em uma delas, tive uma crise de choro e, junto com uma amiga, tive de deixar o local. Mesmo tendo sido tombado pelo governo Leonel Brizola, em 1987, na figura do então governador dr. Nilo Batista, para que pudesse se tornar um centro de memória dos combatentes presos pela ditadura, o DOPS-RJ continua até os dias de hoje sob a administração da Polícia Civil, tendo se transformado em um Museu da Polícia. Apesar das diversas campanhas das quais o GTNM/RJ e outros grupos participaram, até hoje não foi possível torná-lo um Centro de Memória da Resistência.

À tardinha do segundo dia, 27 de agosto, fui levada para o Depósito de Presas São Judas Tadeu, que ficava no térreo do prédio do DOPS. Ao assinar meu nome dando entrada no presídio, fui tomada por um forte sentimento de estranheza, de incredulidade, de perplexidade. De um modo um tanto pequeno-burguês, pensava, *Como eu, uma professora de História e estudante de Psicologia, estou sendo presa?*. Não conseguia acreditar no que estava acontecendo!

Fazia parte da tortura a ausência de qualquer informação sobre o que iria acontecer ao preso. Manter a pessoa sem qualquer controle dos acontecimentos intensificava a ameaça. Como tudo poderia acontecer, o medo se tornava difuso – o que simultaneamente nos fragilizava e aumentava o poder dos torturadores sobre nós. Naquele momento, achei que iria ficar presa ali, o que já me assustou profundamente. Hoje me dou conta de que me encontrava no purgatório, prestes a conhecer o inferno – e que este jamais poderia ser antecipado.

Fiquei em uma pequena cela,[10] separada de algumas das chamadas presas políticas,[11] entre elas Germana Figueiredo,[12] Maria Auxiliadora Lara Barcelos[13] e mais três companheiras das quais não

10. Retornei àquela cela quando o prédio foi tombado por Leonel Brizola e Nilo Batista, em 1987. Fiquei impactada ao perceber que era ainda mais diminuta do que lembrava. Muito emocionada fui entrevistada ali por alguns jornalistas. Um jovem funcionário da Secretaria de Segurança Pública que trabalhava naquele local e que assistia à entrevista me procurou ao final e bastante emocionado disse: "Professora, eu não sabia que isso tinha acontecido aqui! Posso lhe cumprimentar e lhe dar um beijo?". A vida sempre insiste...

11. Esta divisão entre prisão política e prisão comum, com a qual não concordo, era utilizada pelo aparato de repressão, sendo até hoje usada pela esquerda de modo naturalizado. É importante ressaltar que todo preso é preso político.

12. Germana era médica. Encontrei-a quase dez anos depois, em 1979, quando já era professora da UFF. Estava em um bar nas cercanias do Campus do Valonguinho, em Niterói, quando a vi. Ela me olhou e falou: "Cecilia...", e eu a olhei e falei "Germana...". A partir dali ficamos muito próximas. Ela foi diretora do Hospital dos Servidores do Estado, e estava comigo em 1981 quando fizemos, com vários outros ex-presos, as primeiras denúncias contra o assessor de tortura Amílcar Lobo. Germana hoje já não está entre nós.

13. Estudante de medicina, foi trocada pelo embaixador suíço sequestrado e banida em janeiro de 1971. Emocionalmente perturbada pelas torturas sofridas, suicidou-se na Alemanha, em 1976. Vários filmes referem-se à Dora: *Rapport on Torture* (1971), de Saul Landau; *Quando o momento chegar* (1978), de Luiz Alberto Sanz e Lars Säfström; *Setenta* (2013), de Emilia Silveira e Sandra Moreyra; *Retratos de identificação* (2014), de Anita Leandro; *Alma clandestina* (2018), de José Barahona; e *Maria Auxiliadora Lara Barcelos: A Portrait of a Revolucionary* (sem data), de Lanna Leite. Livros de Reinaldo Guarany Simões que falam de Dora: *Os fornos quentes* (1980) e *A fuga* (1984). O

lembro o nome. Todas me receberam com muito carinho. Passamos a noite sem dormir, conversando muito. Através delas pude obter alguma antecipação do inferno, já que me informaram sobre as torturas que haviam sofrido no DOI/CODI-RJ. Elas previram que, possivelmente, eu faria o caminho inverso ao delas, pois um dos documentos que havia sido encontrado em minha casa ainda não tinha sido identificado pelo DOPS e eu sabia tratar-se de um documento vinculado ao sequestro do embaixador norte-americano, totalmente esquecido no alto da estante entre dois livros.

Na tarde do dia 28 de agosto, quando fui chamada, uma delas disse que certamente estava sendo levada para o DOI-CODI. Fui retirada da cela no mesmo momento em que Maria Auxiliadora recebia sua primeira visita após meses de prisão e tortura. Sua mãe e uma de suas irmãs vieram de Belo Horizonte para encontrá-la. Dora, como era conhecida, generosamente se ofereceu para entregar à sua mãe um bilhete com o nome e o telefone de minha mãe, para que ela pudesse ser informada de que eu estava ali no Presídio São Judas Tadeus e

escritor Sérgio Mudado inspirou-se também na trajetória de Maria Auxiliadora Lara Barcellos em seu livro *A chama e o vento*, publicado e lançado em 2015, ano em que, se estivesse viva, Dora faria 70 anos.

que, provavelmente, seria transferida para o quartel do Exército na rua Barão de Mesquita, onde funcionava o DOI-CODI.

Dora sabia do imenso risco que corria, e que se o bilhete fosse descoberto, possivelmente, ela poderia regressar para o inferno das torturas – o que ocorreu, por exemplo, com vários companheiros que denunciaram em seus depoimentos nas Auditorias Militares os atos bárbaros de tortura sofridos por eles e outros companheiros.[14] Mesmo assim, não titubeou. Jamais esqueci esse gesto de imensa solidariedade de uma companheira que conheci apenas por algumas horas. A despeito do pouquíssimo tempo que passamos juntas, Dora tornou-se uma grande amiga[15] – e é muito importante per-

---

14. Sobre o assunto, ver o Projeto Brasil Nunca Mais, co-ordenado pela Arquidiocese de São Paulo na figura de d. Paulo Evaristo Arns. O livro *Brasil Nunca Mais*, editado pela editora Vozes, é uma síntese dos 12 volumes que formam o projeto. Uma das mais completas radiografias da ditadura civil-militar a partir dos processos que se encontram no Superior Tribunal Militar (STM) em função dos depoimentos-denúncias dados pelos presos nas Auditorias Militares.

15. Acompanhei com muita emoção sua trajetória no exterior, desde o seu banimento do Brasil até a sua morte. Posteriormente, conheci sua irmã mais velha em um congresso de psicanálise em Buenos Aires, e tornei-me grande amiga de seu último companheiro, Reinaldo Guarany Simões. Muitos anos depois, conheci também a irmã que estava com sua mãe naquela primeira visita feita no DOPS à Dora – que, no segundo lançamento do livro *A chama e o vento*, em 2016, na cidade de Belo Horizonte,

ceber que, mesmo em uma situação como essa, a vida pulsa e insiste. Sua mãe fez contato com meu cunhado João Novaes, que, junto com o advogado Marcelo Cerqueira, estava no DOPS naquela mesma tarde procurando informações sobre a nossa prisão. Por acaso, meu cunhado se deparou com um amigo de infância que ali trabalhava, na burocracia, e que concordou em buscar informações sobre nós. Na pergunta feita em voz alta, citando nossos nomes, uma senhora com a filha (mãe e irmã de Dora) buscou uma maneira de passar o recado sobre meu paradeiro. O interessante é que o bilhete não foi repassado. A mãe de Dora memorizou meu nome e o telefone de minha família, o que foi confirmado por meu cunhado naquele estranho e precioso encontro. Minha mãe e meus sogros iam quase diariamente ao Ministério da Guerra – e lá recebiam a informação de que nada sabiam, e de que eles que deviam estar malucos. Minha mãe, uma católica fervorosa preocupada com minha formação religiosa, contrapunha-se às minhas inserções políticas por temer meu afastamento de Deus. Entretanto, foi tomada por uma força imensa, tramando as mais diversas ações que visavam me en-

me procurou e disse lembrar-se de mim e da passagem de informações para que minha mãe pudesse me localizar.

contrar de qualquer maneira ao tomar conhecimento, pela informação dada a meu cunhado pela mãe de Dora, que eu estava detida em um quartel do Exército. Várias vezes por semana, dirigia-se ao Ministério da Guerra e ao quartel da Polícia do Exército na Barão de Mesquita, onde destemidamente enfrentava os militares, chegando a provocar tumultos. Somente após um mês e meio, tiveram a confirmação oficial de nossa prisão.

Na mesma tarde desse 28 de agosto, me retiraram da cela do presídio e me levaram novamente para uma sala do segundo andar, onde fui interrogada pelo agente do DOPS Humberto Quintas.[16] Descobri o nome porque esta pessoa fora vizinha de minha amiga e companheira desde o pré-vestibular, Arlete Freitas,[17] também presa no DOPS. Fizemos o curso de História juntas. Soubemos mais tarde que a secretária de seu ex-marido havia feito uma denúncia contra nós duas, talvez a denúncia anônima que fez com que eu fosse presa. Em uma das salas do DOPS, vi Abel Silva, antigo colega da FNFi, e Sônia, sua companheira, ambos presos. Após o rápido interrogatório, fui colocada em uma viatura oficial da Polícia Civil com meu

---

16. Humberto Quintas era funcionário do DOPS/RJ desde 1969.
17. Atualmente, reside em Salvador.

companheiro e Arlete. Algemada e encapuzada, fui levada para o inferno, que já supunha ser o DOI-CODI/RJ, no quartel da Polícia do Exército na rua Barão de Mesquita, na Tijuca.

O inferno

Ficaste sozinho, a luz apagou-se,
Mas, na sombra teus olhos resplandecem,
(...)
Teus ombros suportam o mundo.

CARLOS DRUMMOND DE ANDRADE

Falar daqueles três meses em que fiquei detida – incomunicável e sem um único banho de sol ou qualquer outro tipo de exercício – é falar de uma viagem ao inferno: dos suplícios físicos e psíquicos, dos sentimentos de desamparo, solidão, medo, pânico, abandono, desespero; é falar da "separação entre corpo e mente", como afirmava o psicanalista Hélio Pellegrino: "O corpo implora para que se fale, a mente proíbe que isso ocorra". A tortura não quer apenas fazer falar, também quer calar. Este foi o esgarçamento que experimentei: a terrível situação que opera através da dor, da humilhação e da degradação, transformando-nos em coisa, em objeto. Resistir a isso, não perder a lucidez e não permitir que o torturador penetre em nossa alma, em nosso espírito, em nosso pensamento e domine o nosso corpo exige um gigantesco esforço.

Chegando a um prédio ao final do pátio do quartel da Polícia do Exército, retiraram-me as algemas e o capuz e fui identificada. Recolheram minha bolsa com documentos e dinheiro e alguns pertences que levava junto ao corpo – relógio, anel, aliança, cordão e cinto. Novamente encapuzada, levaram-me para o andar superior, acessado depois de subir dois lances de escada. Fui posta em uma cela em que, após retirarem-me o capuz, entrou um homem que, sem dizer o nome, se identificou como médico, tirou minha pressão e me perguntou se eu era cardíaca. Ele não possuía qualquer identificação – um esparadrapo escondia seu nome –, embora estivesse uniformizado. Mais tarde, ao esquecer um receituário em minha cela, soube tratar-se de Amílcar Lobo Moreira da Silva, conhecido pelo pseudônimo de Doutor Carneiro, médico e aspirante à psicanalista.[1]

---

1. Amílcar Lobo, tenente médico do Exército, serviu ao DOI-CODI/RJ de 1970 a 1974. Em 1981, ainda sob a ditadura, um grupo de ex-presos, no qual me encontrava, foi chamado pelo advogado Modesto da Silveira para fazer uma denúncia contra esse assessor de tortura. No dia anterior, uma primeira acusação contra ele havia sido feita por Inês Etienne Romeu, a única presa a sobreviver ao centro clandestino chamado Casa da Morte, em Petrópolis. Estivemos em seu consultório. Depois de 11 anos fiquei frente a frente com o médico que assessorava e acompanhava as torturas sofridas por nós no DOI-CODI/RJ. Queríamos que ele nos dissesse o nome dos mandantes daqueles crimes. Ele se negou a fazê-lo. Naquela mesma tarde, fomos para a redação do *Jornal do Brasil* e demos uma longa entrevista a Zuenir Ventura – a matéria foi capa do jornal carioca no dia seguinte. Posteriormente, estivemos também na OAB/Federal, presidida à época por Eduardo Seabra Fagundes, que tomou o depoimento de alguns de nós. Fui uma das pessoas que narrou a atuação de Amílcar Lobo. Semanas depois, os comandantes militares das três forças armadas lan-

Poucos minutos depois, mais uma vez encapuzada, fui levada a uma sala que ficava no final de um corredor à direita no térreo. Era a sala de torturas, denominada por eles como "sala roxa", pois era totalmente dessa cor. Ainda de capuz, tive minhas roupas arrancadas e meu corpo molhado. Fios foram colocados em mim e senti os choques elétricos no bico dos seios, na vagina, na boca, na orelha e por todo o corpo. Em função dos choques que levei, até hoje não posso ver fios soltos, desencapados e, principalmente, pendurados. Fico muito

çaram uma nota dizendo que não permitiriam revanchismos. Os depoimentos contra Amílcar Lobo foram suspensos. Anos depois, em 1985, o Conselho Regional de Medicina do Rio de Janeiro (CREMERJ), que até então estava sob intervenção federal, fez sua primeira eleição. Forças progressistas foram vencedoras. Imediatamente o CREMERJ solicitou à OAB/Federal que enviasse os depoimentos sobre o caso Amílcar Lobo. Fomos novamente chamados para aprofundar o processo, e outras pessoas também contaram o que testemunharam. No ano seguinte, apesar de o presidente do CREMERJ, dr. Laerte Vaz de Andrade, e sua família terem sido ameaçados de morte, foi realizado o julgamento. O registro desse médico-torturador foi cassado por unanimidade. Foi o primeiro caso de cassação de um médico que assessorou torturas nas ditaduras latino-americanas – tendo criado jurisprudência para outras situações semelhantes, segundo declarações da Anistia Internacional. Amílcar fazia formação na Sociedade Psicanalítica do Rio de Janeiro (SPRJ). Posteriormente, Leão Cabernite, seu analista didata, que o defendeu e o acobertou durante todo o período da ditadura, também teve um processo aberto no CREMERJ. Entretanto, não foi levado adiante.

tensa com aparelhos elétricos em geral, como, por exemplo, torradeiras – o que é certamente uma marca que aquele momento me deixou.[2]

Os torturadores me chutavam e gritavam palavrões. Àquela altura – demonstrando a eficácia da unificação dos serviços de inteligência que integravam os DOI-CODIS –, já haviam identificado o documento encontrado em minha residência e sabiam que era do MR-8 e da ALN, relacionado ao sequestro do embaixador norte-americano no ano anterior.

Naqueles dias de 1970, durante a Copa do Mundo, em junho, o embaixador alemão havia sido sequestrado, e os serviços de informação pouco sabiam a respeito. Acharam que, por ter aquele documento em minha residência, eu teria algum conhecimento sobre a ação – o que não era fato. Exigiam-me, através das torturas, que eu falasse o que desconhecia. Em dado momento – não sei precisar quanto tempo decorreu, mas lembro que me encontrava sem controle da bexiga e do ânus – tiraram-me o capuz e vi que havia vários homens na sala. Mais tarde, identifiquei alguns deles,

---

2. Talvez seja a isso que Caetano Veloso se refira ao dizer, no documentário *Narciso em férias*, que, quando se é preso, se é preso pra sempre.

como o major da Polícia Militar Riscala Corbaje,[3] conhecido pelo pseudônimo de Doutor Nagib, o agente da Polícia Civil Luiz Timótheo de Lima,[4] conhecido como Padre, e Jair Gonçalves da Mota, o mesmo que havia participado das buscas em minha residência com a equipe do DOPS/RJ. Havia ainda um sargento do Exército, o único deles que usava farda – baixo, gordo, negro, extremamente agressivo, que me chutava, me empurrava e me esmurrava – e de quem nunca consegui saber o nome.

Depois desse interrogatório e dessas agressões, fui levada de volta para a cela por um cabo do Exército. Ele usava uniforme, era bem moreno, altura mediana, tendendo para magro, cabelos lisos e pretos e era chamado de cabo Gil. Frequentemente cantava uma mesma música quando vinha, balançando as chaves, nos levar para algum interrogatório e/ou tortura: "Receba as flores que eu te dou / Em cada flor um beijo meu". Durante anos não

---

3. Major da PM, Riscala Corbaje era o chefe de uma das equipes do DOI-CODI/RJ em 1970 e 1971. Era tenente-coronel em 1986, quando exercia a função de assessor de Segurança do BANERJ, ao ser denunciado pelo GTNM/RJ.

4. Luiz Timótheo de Lima era agente da Polícia Federal/RJ e lotado no DOPS/RJ, com atuação no DOI-CODI/RJ em 1970. Nos anos 1980, foi segurança do Hospital do Câncer, da Câmara de Vereadores (gabinete Romualdo Carrasco) e, em 1986, trabalhava no Setor de Segurança da Mesbla, ao ser denunciado pelo GTNM/RJ.

consegui ouvir essa música, e o farfalhar das chaves me perseguiu em meus pesadelos. Estas são marcas-sensações – canções, barulhos, choques – que ressoam em nós mesmo depois de muitos anos.

Ao chegar à cela, deparei-me com Arlete. A despeito de não ter sido militante do PCB – de ser uma simpatizante do partido –, ela ficou presa comigo por alguns dias. A cela era pequena, com espaço para dois beliches de ferro e um banheiro onde havia o chuveiro de água fria e a fétida privada. Até que minha mãe conseguisse me localizar, fiquei um mês e meio sem itens de higiene. Como não tinha pasta de dentes, quando os torturadores colocavam o capuz sobre meu rosto, o cheiro que exalava dele e de minha própria boca me nauseava – e até hoje tenho problemas com mau hálito. Lembro que só tinha uma calcinha. À época, Arlete ainda amamentava e usava uma cinta que vinha até a cintura. Ora lavávamos nossas calcinhas, ora esta cinta – e usávamos assim, em revezamento. Dormíamos em um colchão de crina velho, manchado e fedorento. Embaixo dos colchões havia uma espécie de papel mais firme – quase um papelão – que usávamos como substituto de absorventes para fazer a contenção do sangue menstrual, o que nos causou lesões na vagina e nas pernas em função do contato áspero com os papéis – os mesmos que enrolávamos em nossos pés nas noites mais frias. Por ter sido presa em pleno puerpério, Arlete chorava muito. O médico assessor de tortura Amílcar Lobo frequentemente aplicava-lhe injeções que a faziam dormir um dia inteiro e, por vezes, até mais. Pouco conseguia comer.

Não sei precisar o tempo ao certo, mas creio que no dia seguinte à minha chegada na cela, fui novamente levada para a "sala roxa" para ver parte da tortura que meu companheiro sofria. Fui obrigada a assistir à aplicação de choques elétricos em todo o seu corpo e seus gritos me acompanharam durante anos. Essa era uma tática muito comum quando algum casal era preso – além de tentarem jogar um contra o outro através de informações que falsamente um dos dois teria passado para os torturadores. Era necessário um esforço muito grande para não sucumbir. "Será mesmo que ele falou isso? Se falou está louco!", era o meu argumento, repetido à exaustão, para não cair na cilada montada pelos monstros.

Eles continuavam querendo saber sobre o sequestro do embaixador alemão – algo sobre o que eu não tinha absolutamente nenhuma informação. Queriam também saber sobre alguns postais encontrados em nossa casa, enviados por amigos exilados na França. Acusavam-nos de fazer parte de um grupo que encaminhava denúncias sobre a ditadura para o exterior.

Os guardas percebiam minha fragilidade. Fui novamente despida e levada a uma sala ao lado da "sala roxa". Fui amarrada a uma cadeira, e colocaram um filhote de jacaré sobre meu corpo nu. Imediatamente desmaiei. Os choques elétricos no meu corpo nu e molhado eram cada vez mais intensos, e eu me sentia desintegrar, com a bexiga e o ânus sem nenhum controle. *Isso não pode estar acontecendo: é um pesadelo... Eu não estou aqui...*, pensava. O filhote de jacaré, com sua pele gelada e pegajosa, percorria meu corpo nu. *E se me colocam a cobra, como estão gritando que farão...*

A casa de minha mãe foi invadida dois dias após minha prisão, em uma mega operação – onde duas outras ruas, além da Dias da Cruz, foram interditadas por várias viaturas do Exército. As pessoas que lá estavam foram presas e levadas ao DOI-CODI/RJ: meus três irmãos (Fernando B. Coimbra, Delfim B. Coimbra, Emidio T. B. Coimbra), minha cunhada (Dora Cristina Rodrigues), meu primo Fernando Antunes Coimbra, meu cunhado João Novaes e nosso amigo José Carlos Teixeira. Fizeram-me acreditar que nosso filho de três anos e meio, José Ricardo, e meu irmão menor, Custodio Coimbra, tinham sido entregues ao Juizado de Menores. Meu irmão tinha 16 anos e foi acordado com uma metralhadora no peito sendo interrogado para saberem se o pequeno laboratório de fotografia que tinha em casa era para fazer documentos falsos. Queriam os negativos das fotos.

Afirmavam que minha mãe, chamada por eles sarcasticamente de Maria Guerrilheira, também havia sido presa. Caí facilmente nessa armadilha, pois vi meus três irmãos e minha cunhada no DOI-CODI/RJ. Meu irmão Emídio e minha cunhada Dora, casados havia apenas um mês, tiveram sua casa arrombada a pontapés, invadida e vasculhada, embora tivessem entregue as chaves da residência aos agentes que os prenderam. Sem qualquer militância política, foram sequestrados da casa de minha mãe, presos e torturados porque tinham uma terrorista como irmã e/ou amiga: isto justificava todas as atrocidades cometidas.

Após a casa de minha mãe ser invadida, fizeram uma *mise-en-scène* na minha. Já estávamos presos há três dias, e eles tinham as chaves. Mesmo assim, cercaram o quarteirão, metralharam a porta, retiraram de lá vários exemplares de jornais, principalmente *O Estado de S. Paulo*, afirmando aos vizinhos que se tratava de material subversivo, e lacraram o apartamento com um documento do 1º Exército.

O barulho aterrorizante das chaves nas mãos de algum soldado – o mesmo barulho que perturbou meu sono por muitos anos – que vinha abrir alguma cela nos fazia sempre perguntar quem seria a pessoa levada daquela vez. Quando passava por nossa cela e ia adiante, respirávamos aliviadas – um alívio parcial, pois sabíamos que alguém estaria sendo levado para a "sala roxa".

Às seis horas da tarde, diariamente, faziam o "confere": alguns soldados e um oficial – um deles orgulhosamente exibia um anel com uma caveira em cima de duas tíbias, símbolo do famigerado Esquadrão da Morte – entravam na cela, nos colocavam em fila, um enorme cão policial nos farejava e tínhamos de dizer nossos nomes completos. De madrugada, sistematicamente abriam violenta e estrondosamente as celas e lançavam fortes luzes em nossos olhos, ordenando-nos, aos gritos, que nos levantássemos, pois um novo "confere" iria ser feito – e de novo o cão nos cheirava.

Em outro momento, em uma noite ainda no final de agosto, fui algemada, encapuzada e colocada em um carro de passeio. Quando saltei do carro, já sem o capuz e as algemas, reconheci o prédio, em Copacabana, onde moravam meus amigos Marlene Paiva e Marcos Franco – hoje já falecidos. Subimos no elevador e, diante da porta do apartamento deles, os quatro homens que me levavam sacaram suas metralhadoras e tocaram a campainha. Quando Marcos atendeu, empurraram-me para dentro com os canos das armas encostadas em meu dorso. Vistoriaram a casa e os levaram presos comigo para o DOI-CODI/RJ. Anteriormente vinculados ao PCB, naquela época não tinham militância política. Quando retornamos ao prédio de onde havíamos partido, ainda sem capuz, reconheci e tive a certeza de que o local onde estava presa era mesmo, conforme haviam dito as companheiras no DOPS, o quartel da Polícia do Exército, na Barão de Mesquita.

Em outro momento, logo após a prisão de Marcos e Marlene, conheci mais um torturador: baixo, forte, cabelos claros e bigode, tendendo para o ruivo: era João Câmara Gomes Carneiro,[5] que tinha vindo de Minas Gerais. Ele reclamava dos gritos de Marlene, que estava sendo torturada, e da menstruação de Arlete, pois havia manchado sua capa de chuva ao sentar na cadeira onde fora interrogada – e o torturador disse que a minha

---

5. João Câmara Gomes Carneiro era major de Cavalaria do Exército e serviu na 12ª RI-BH, onde comandava sessões de tortura em 1968 e 1969. Em 1969 e 1970, comandou o DOI-CODI/RJ. Era conhecido como Magafa. Em 1975, foi para a reserva, indo residir em SP, tendo em 1987 uma empresa de segurança privada.

amiga imunda e nojenta havia sujado a sua capa de chuva e que eu deveria sentar na cadeira manchada pelo sangue dela. A tortura perpetrada às mulheres é especialmente violenta: os abusos sexuais são o suprassumo de algo que se inicia com os xingamentos e palavrões ditos agressivamente como uma forma de tentar nos desqualificar e nos anular. Na sequência, abusavam de nossos corpos com toques, principalmente nas genitálias e nos seios, de maneira grosseira e agressiva, chegando, em muitos casos, ao estupro, como ocorreu com várias companheiras.

Algum tempo depois, fui levada para ver as cenas de tortura de Marlene e Marcos. Entre seus torturadores, reconheci o Doutor Nagib e aquele que chamavam de Padre. Nos dias que se seguiram, toda vez que vinham buscar-me na cela para novo interrogatório, encapuzavam-me e aconteciam sevícias e abusos sexuais por parte dos soldados. Em um desses dias, ainda no final de agosto, vi e falei com uma amiga, que eu não sabia que também tinha sido presa, Maria Helena do Nascimento Barbosa,[6] já falecida.

---

6. Dentista, não tinha qualquer militância política. Foi presa por ser nossa amiga. Era irmã de Wilson do Nascimento Barbosa, nosso companheiro da FNFi e do PCB, já

Depois que Arlete foi liberada, fiquei sozinha na cela. A solidão fez com que em alguns momentos eu achasse que poderia enlouquecer. Em uma espécie de estratégia de sobrevivência, desenvolvi um ritual diário que consistia em caminhar pela cela e obsessivamente medir o espaço através de meus passos. Nesses momentos, pensava em meu pai, falecido no ano anterior, que afirmava não existir tortura no país, que isso era invenção dos comunistas. Perguntava a mim mesma incessantemente: "Será que papai, se estivesse vivo, acreditaria agora que as torturas existem no Brasil?". Completamente isolada, só avistava nesgas de céu pelas duas janelas basculantes no alto da cela, permanentemente abertas à entrada da chuva e do frio.

Tentava puxar conversa com os soldados responsáveis por nos vigiar. Pedia cigarro, às vezes eles davam – e aos poucos fui começando a conhecer alguns deles. Perguntava pelo meu companheiro, que, segundo havia me dito um torturador, estava em uma das solitárias[7] no térreo, mas

preso em 1969, em Montevidéu, quando, depois de trocado por Tupamaros presos no Rio Grande do Sul, entrou ilegalmente no Brasil. Posteriormente foi banido do país em troca do sequestro do embaixador suíço.

7. Solitária era o nome dado a uma exígua cela sem janelas, totalmente revestida de cimento, sem qualquer mobiliário. No lugar do vaso sanitário havia um buraco no

eu não sabia se era verdade. Certo dia, no início de setembro, perguntei a um soldado se ele poderia entregar um bilhete ao meu companheiro, pois tínhamos um filho que havia sido entregue ao Juizado de Menores. Eu ainda achava que era verdade a mentira em que os torturadores perversamente me fizeram acreditar. O rapaz aceitou entregar um bilhete e meu companheiro me mandou outro de volta contando que estava sofrendo muito e que estava mesmo na solitária, conforme o torturador havia me dito.

chão conhecido como "boi". Essas solitárias foram, a partir de 1972, substituídas pelas chamadas geladeiras, descritas em documentos confidenciais dos Estados Unidos entregues pelo governo Obama ao governo Dilma (2014), referentes aos anos de 1967 e 1977. Nos documentos, havia uma descrição detalhada sobre o novo tipo de reclusão, ainda mais perverso: o confinamento se dava em uma cela de aproximadamente 1,5 metro de altura, forrada por placas isolantes que não permitiam a entrada de luz ou de sons externos. Ficava totalmente escura na maior parte do tempo. No teto, em ritmo rápido e intermitente, pequenas luzes coloridas eram acesas enquanto um alto-falante emitia sons de gritos, de buzinas e outros em altíssimo volume. Um sistema de climatização alternava temperaturas baixas e altas. O chão metálico conduzia corrente elétrica de modo intermitente. O preso, despido, lá permanecia por períodos que podiam variar de algumas horas até vários dias, muitas vezes sem qualquer alimentação ou água – levando a um estado de extrema fadiga mental e física. O requinte de crueldade previa ainda outro tipo de "geladeira": temperaturas baixíssimas, luzes fortes permanentemente acesas, sons ensurdecedores com o preso mantido nu, sem alimentação e água.

No dia 7 de setembro, houve um relaxamento em função do desfile militar, e esse mesmo soldado entregou-me uma mensagem em que meu companheiro dizia que estavam lhe fazendo a proposta de ir à televisão renegar tudo em que acreditávamos. Respondi dizendo que não acreditasse neles, que não iriam nos soltar, pois já havíamos visto companheiros fazendo isso e depois voltando para a tortura. Ele concordou dizendo que era uma estratégia perversa e que resistir era necessário. Este soldado sabia dos riscos que corria ao aceitar ser mensageiro de nossa pequena mas fundamental correspondência naquele terrível e crucial momento. Anos depois, meu companheiro comentou que aqueles bilhetes haviam sido importantíssimos: a solidariedade, o amor e a amizade vazam mesmo nos momentos mais difíceis e desesperadores.

Em meados de setembro, fui transferida para uma cela maior, conhecida como Maracanã, onde estive inicialmente apenas com Dulce Pandolfi.[8] Ela havia sido muito torturada e, quando cheguei, andava com grande dificuldade. Como tinha ficado muito tempo no pau de arara, estava com as mãos atrofiadas e os dedos endurecidos. Para re-

8. Dulce tinha 20 anos e era de Recife. Hoje é historiadora e reside no Rio de Janeiro.

cuperar os movimentos, fazia exercícios descascando laranjas. Esta cela era maior do que a anterior e continha três beliches de ferro, com os mesmos colchões sujos e fedorentos da anterior. Tinha também um banheiro maior, tendo um box com chuveiro de água fria, uma pequena pia e uma privada. De uma das janelas basculantes, todas no alto e permanentemente abertas, víamos a antiga fábrica da Brahma, onde hoje há um grande supermercado na avenida Maracanã.

Ao longo do tempo, dividimos a cela com várias outras mulheres, entre elas lembro-me de: Carmela Pezzuti[9] e Neuzinha – ambas transferidas da penitenciária de Linhares/MG –, Tania,[10] Glória Márcia Percinotto, Joselice Cerqueira de Jesus,[11]

---

9. Carmela, que já não está entre nós, havia sido muito torturada em Minas Gerais. Chegou sem um dente e extremamente tensa. Seus dois filhos, Ângelo e Murilo Pezzuti, também estavam presos. Posteriormente, foi trocada no sequestro do embaixador suíço. Há um livro, escrito por Mauricio Paiva, chamado *Companheira Carmela: a história da luta de Carmela Pezzuti*, que narra sua história.

10. Tania era uma canadense criada numa reserva florestal, presa por causa do companheiro, também preso no DOI-CODI naquele momento. Ela era muito míope, e, como lhe tiraram os óculos, não entendeu, em uma das torturas, que tinha um filhote de jacaré na sua frente. Achou que era um bichinho, e lhe acariciou – em uma história que, depois, nos fez rir muito. Nunca mais soubemos dela.

11. Tanto Glória quanto Joselice, já falecida, eram estudantes de Direito. Glória reside hoje no Rio de Janeiro.

126

Margarida, Maria do Carmo Menezes[12] e três moças ligadas à Juventude Operária Católica (JOC),[13] das quais lembro-me do nome de duas: Marcia e Marli. Esta última era chamada de modo desrespeitoso e agressivo de "a mulher do padre", tendo em vista que seu companheiro, ex-padre, também estava preso no DOI-CODI. Certa vez, uma companheira foi levada para ser torturada e Marcia disse: "Vai com Deus", ao que o torturador respondeu gritando e pegando-lhe pelo ombro: "Você acha que Deus está aqui com vocês?". Altivamente, demonstrando que a submissão não era total, ela indagou: "E por acaso Deus está com vocês naquela 'sala roxa'?". Ele a esbofeteou, fazendo sair um fio de sangue pelo canto da boca.

Maria do Carmo, grávida de cinco meses, recebia em nossa cela um soro intravenoso administrado pessoalmente por Amílcar Lobo. Ele sempre estava acompanhado do cabo enfermeiro, que fechava os olhos e balançava a cabeça como se estivesse recriminando profundamente o que ocorria. Percebíamos em suas feições como era terrível para ele presenciar aquela situação. Ele nos infor-

---

12. Até hoje Maria do Carmo reside em Paris.
13. Ligadas a d. Waldyr Calheiros, bispo de Volta Redonda, vinculado à Teologia da Libertação. Nunca mais soubemos delas.

mou que o conteúdo do soro era uma medicação que evitava contrações, para que Maria do Carmo não perdesse a criança. Logo depois da injeção, era levada para ser torturada com choques elétricos. O terror com Maria do Carmo estava presente desde o início, quando nos vimos pela primeira vez. Ao ser chutada para dentro de nossa cela, seu rosto estava totalmente deformado. Soube após minha libertação, alguns anos depois, que Maria do Carmo havia conseguido sair do país. Mais de 15 anos depois, eu estava em Paris com um grupo de amigos e fui convidada para jantar com um casal de brasileiros exilados que lá moravam. Para minha surpresa, o casal era Maria do Carmo e seu companheiro. Foi impactante nosso reencontro, nosso reconhecimento mútuo, nossos olhares. Chorávamos de alegria, e conheci o filho que, na época da prisão, estava em sua barriga – respondendo, assim, às indagações que Dulce e eu, ao longo dos anos, sempre fazíamos acerca do bebê que Maria do Carmo gestava na prisão: ele estava bem e era fotógrafo. Quando nos anos 1990 a psicanalista Helena Besserman Vianna lançou em francês seu livro *Não conte a ninguém*, em que denunciava as atividades do médico torturador Amílcar Lobo, Maria do Carmo foi uma importante testemunha em Paris. Durante o evento de lançamento, contou pessoalmente, a uma plateia lotada de psicanalistas franceses, as atrocidades que sofreu nas mãos desse monstro.

Em uma madrugada, fui retirada da cela, amarrada, algemada, encapuzada e levada para o pátio. Aos gritos, diziam que eu seria executada e levada para ser "desovada" como em um "trabalho" do Esquadrão da Morte. Eu acreditei e, naquele momento, morri um pouco. Em silêncio, aterrorizada, me urinei. Aos berros, riram e me levaram de volta à cela. Nas noites em que não havia "trabalho" a ser feito, para "passar o tempo", algumas equipes de torturadores chamavam algumas de nós. As mulheres que demonstravam maior resistência às torturas eram "premiadas": sempre estavam sendo chamadas para os "bate-papos" de madrugada e eram utilizadas como cobaias em aulas para novos torturadores. Foi o caso, por exemplo, de minha companheira Dulce, relatado no livro *Brasil nunca mais*, coordenado pela Arquidiocese de São Paulo. Nessas convocações de madrugada, nunca sabíamos se era para novas sessões de tortura, para alguma acareação ou para um "bate papo", como chamavam essas "conversas". Nelas, alguns deles tentavam nos convencer de que as torturas eram necessárias e nos perguntavam: "Vocês falariam alguma coisa se não houvesse essas 'pressões'?".

Tentavam ainda nos jogar umas contra as outras: "Mas vocês têm certeza da militância de todas que estão na cela? Vocês confiam mesmo em todas? Vocês não acham que pode ter alguma agente infiltrada entre vocês?".

Não era qualquer pessoa que entrava no DOI-CODI – que ficava em um prédio separado do quartel da Polícia do Exército. Todos os soldados no Rio de Janeiro, majoritariamente jovens oriundos da Região Sul, especialmente de Santa Catarina, motivo pelo qual eram chamados de "catarinas", passavam por um forte e cruel treinamento que os fazia acreditar que, de fato, éramos seres extremamente perigosos, e abusavam de nós porque as mulheres comunistas eram todas "putas" e "vagabundas". Ilustra bem esse comportamento uma passagem que vivi quando recebi uma fotografia de meu filho, enviada pela minha mãe como comprovação de que ele estava sob sua guarda e passava bem. Ao ver a foto presa na parede da cela, ao lado de minha cama, um "catarina" me perguntou: "Quem é essa criança?". Ao responder que era meu filho, espantou-se e indagou: "Mas comunista tem filho?". Entretanto, apesar dessa lavagem cerebral, alguns escapavam do modelo de comportamento para o qual haviam sido treinados e, vez por outra, passavam alguns bilhetes entre os presos, especialmente em plantões, preferencialmente de madrugada. Ficávamos alertas, e era um sopro de vida para cada uma de nós. Muitas mensagens eram enviadas para outras celas onde estavam amigos e companheiros presos. Esses soldados sabiam do risco que corriam, mesmo assim, na contramão do perverso treinamento a que eram submetidos, davam passagem à vida que conseguia escapar naquele inferno.

Soube através de um desses bilhetes que meu companheiro havia saído da solitária e estava em uma cela ao lado da minha. Criamos um código e nos comunicávamos por batidas na parede. Certo dia, ouvi um alvoroço na cela ao lado. Em seguida, escutei batidas semelhantes às que usávamos para nos comunicar. Dulce disse que era ele, mas eu falei: "As batidas são diferentes. Não são dele!" Instantes depois, um militar abriu a janelinha da porta da cela e gritou: "Responde, sua filha da puta!". Alguém havia denunciado que tínhamos um código e precisei de muito sangue frio para perguntar: "Responde o quê?". O torturador, gritando, retrucou: "Sua filha da puta, não são essas batidinhas de seu marido?". Desconversei e friamente afirmei não saber do que ele estava falando. Em seguida, fui ameaçada de ser levada para a "sala roxa". Em represália, meu companheiro foi transferido para outra cela, bem distante daquela em que eu me encontrava.

Depois que Dulce saiu, tornei-me a presa mais antiga da cela. Certa vez, um pouco depois de terem chegado as coisas que nossas famílias enviavam de casa, deixamos as bolsas empilhadas em um canto da cela. No "confere" das seis horas da tarde, como de praxe, um militar com o cão de guarda nos colocou em fila, mandou dizermos o nome completo, olhou a cela e exclamou: "Que bagunça! Quem é a mais antiga aqui?". Respondi que era eu, e ele ordenou que eu repetisse o meu nome. Anunciou, então, aos gritos e em tom de ameaça: "Daqui a meia hora voltarei aqui novamente e quero ver este lugar arrumado. Nem parece uma cela de moças!", exclamou com ironia. Havia uma determinação perversa e ininterrupta de ameaças com o intuito claro de produzir sistematicamente o medo e o terror.

Em outra ocasião, fui levada encapuzada a uma sala que ficava no térreo, mas do lado oposto ao da sala de torturas. Parecia o gabinete de alguma autoridade. Lá, um oficial do Exército – de farda, mas sem identificação, como os outros – louro, alto, robusto e que, posteriormente, identifiquei como sendo o capitão Guimarães, Aílton Guimarães Jorge,[14] me interrogou de modo violento e intimidatório sobre o sequestro do embaixador alemão. Naquela sala, na parede bem acima da mesa em que ele se sentava, havia um quadro com a caveira e as tíbias cruzadas, com as iniciais EM – símbolo do famigerado grupo de extermínio conhecido como Esquadrão da Morte.

Decorrido um mês e meio de minha prisão, assinei, na própria cela, um documento que legalizava minha detenção: uma ordem de prisão preventiva. Somente a partir daí pude receber cartas de minha família – censuradas, pois eram cortados os trechos considerados subversivos. Estavam proibidas quaisquer visitas e a entrada de quaisquer publicações – livros, revistas ou jornais.

Além das pessoas presas já mencionadas, algumas outras foram vistas por mim no DOI-CODI/RJ: Alberto José Barros da Graça, Luiz Sérgio Dias (já falecido), ambos meus amigos e companheiros do PCB e da FNFi, Jorge Leal Gonçalves e Eduardo Leite, o Bacuri. Este último quase não andava, de

14. Aílton Guimarães Jorge era capitão intendente do Exército. Serviu na PE da Vila Militar/RJ de 1968 a 1970 e no DOI-CODI/RJ de 1970 a 1974. Conhecido como dr. Roberto, esteve envolvido em contrabando. Foi processado e absolvido. Em 1975, foi expulso do Exército, indo para a Reserva. Tornou-se banqueiro do jogo do bicho, vinculado a grupos de extermínio no Espírito Santo. Chegou a ser presidente da Liga de Escolas de Samba do Rio de Janeiro – LIESA.

tão torturado, e era carregado por dois soldados. Jorge Leal Gonçalves é um de nossos desaparecidos. Eu o vi em outubro de 1970, muito magro, bastante machucado e com hematomas no rosto e nos braços. Era levado para ser torturado – cruzei com ele na porta da "sala roxa", de onde eu saía quando ele estava entrando. Fitamo-nos. Logo depois, já no chão, ele foi empurrado e chutado violentamente por vários torturadores. Seu olhar me acompanhou por muitos anos. Testemunhei oficialmente sobre as torturas destes dois companheiros: Jorge e Bacuri. Consegui fazer contato com suas famílias e, com muita emoção e dor, narrei o que havia presenciado.

A insistência da vida

> Em suas ruínas
> homizia sapos
> formigas carregam suas latas.
> Devaneiam palavras,
> o escuro encosta neles
> para ter vagalumes.
>
> MANOEL DE BARROS

Durante todo o período de minha detenção no DOI-CODI/RJ, de 28 de agosto a 11 de novembro, não tive direito a banho de sol nem a contato com advogados. Foram momentos de terror. O horror a marcar permanentemente meu corpo, minha alma, minha vida – privações, estupros, torturas, desaparecimentos, mortes. Todavia, experimentei muitas situações que me fizeram ver que, mesmo no inferno, a vida insiste das mais variadas formas. O importante aqui é o fato de conseguir ver e se conectar com aquilo que no inferno dele difere para seguir abrindo mais espaços de arejamento por onde a vida passa e nos faz vibrar diferentemente – a vida que insiste em todo e qualquer lugar pode ser captada como uma múltipla e complexa composição de forças que nos constituem e nos atravessam incessantemente em sucessivos outramentos.

Buscamos sobreviver durante o período da prisão. Fazíamos, por vezes, exercícios físicos e alongamentos pela manhã. Em outros momentos, ministrávamos aulas umas para as outras – eu dava aula de História, Tania dava aula de inglês. Jogávamos batalha naval com os bloquinhos e lápis que minha mãe enviava. A música foi também um elemento muito importante para nós. Geralmente à noite, nos reuníamos e cantávamos baixinho na cela. Fazíamos concursos de música imitando os festivais transmitidos pela televisão. Era um momento de leveza, mas permanecíamos ligadas a qualquer ruído vindo de fora, do corredor, pois poderia ser o "confere" da madrugada ou alguma iminência de acareação ou tortura. Músicas ligadas à Teologia da Libertação, como "Balada da Caridade"[1] e "Se você no céu",[2] e tantas outras vinculadas ao movimento revolucionário internacional, como "Bandiera Rossa",[3] que cantávamos

1. Para mim a chuva no telhado / É cantiga de ninar / Mas o pobre meu irmão / Para ele a chuva fria / Vai entrando em seu barraco / E faz lama pelo chão / Como posso / Ter sono sossegado / Se no dia que passou / Os meus braços eu cruzei? / Como posso ser feliz / Se ao pobre meu irmão / Eu fechei meu coração / Meu amor eu recusei? / Para mim o vento que assovia / É noturna melodia /Mas o pobre meu irmão / Ouve o vento angustiado / Pois o vento, esse malvado / Lhe desmancha o barracão.

2. Se você no céu / Conseguir chegar / Faça um buraquinho / Para eu entrar / Se você no inferno / Não escapulir / Feche um buraquinho / Para eu não cair / Não se ganha o céu / Com a copa mundial / Nem precisa ser / Miss Universal.

3. Bandeira Vermelha, em italiano. Também chamada de *Avanti Popolo*, uma parte do seu primeiro verso é uma

em espanhol, também eram muito presentes. "Foi um rio que passou em minha vida", de Paulinho da Viola e Hermínio Bello de Carvalho, lançada alguns meses antes de nossa prisão, era uma das canções recorrentemente presentes em nosso repertório. Certa vez um cabo de plantão abriu a porta e entrou. Nós nos assustamos, mas, além de dizer que podíamos continuar, ele cantou conosco a música em homenagem à Portela. Dulce gostava muito de "Disparada", de Geraldo Vandré (1966), e "Sei lá, Mangueira" (1968), também de Paulinho e Hermínio. Eu cantava "Fim de noite" (1966), de Chico Feitosa. A letra melancólica e que fazia referência a um amor distante[4] me fazia me lembrar de meu companheiro – e era pensando nele que cantava, em um momento de amor em meio à prisão.

das mais famosas canções do movimento operário italiano. Exalta a bandeira vermelha, símbolo do socialismo e do comunismo. Além da primeira letra em italiano, há inúmeras variantes identificadas com certos partidos socialistas e comunistas. Os dois últimos versos, "*E viva il comunismo e la libertà*", foram inseridos à letra após a subida de Benito Mussolini ao poder na Itália. Inventávamos algumas versões, e cantávamos "viva Lenino, viva Stalino, viva el socialismo, viva el comunismo y la libertad".

4. Como, por exemplo, nesse trecho: Num fim de noite nossas mãos se separaram / Nossos rumos se trocaram / nunca mais eu vi você / E cada dia toda noite eu sofri / Numa estrela da manhã / Eu me perdi.

Esse mesmo cabo, que cantou na cela conosco, sabendo que Dulce e eu estávamos com nossos companheiros presos ali também, nos avisou que na madrugada de seu plantão nos deixaria encontrá-los. Duas noites depois, abriu a porta da cela e nos conduziu até eles. O encontro com o meu companheiro foi marcado por um forte abraço e muita emoção. Ele ficou muito espantado com a minha presença repentina em sua cela. Eu o tranquilizei: "Tá tudo bem. Esse cabo é de confiança". Fiquei lá alguns minutos que duraram uma eternidade. Tempos depois, quando fui liberada e era obrigada a ir semanalmente assinar o ponto no Ministério da Guerra, encontrei esse cabo na vigilância de plantão. Olhei para ele e o cumprimentei. Ele murmurou com entusiasmo contido: "Professora, que bom que a senhora está liberada, mas não fale comigo. Eles não podem ver a senhora falando comigo". Foi a última vez que vi esse homem, que, como outros, mesmo sabendo do risco que corriam – já que podiam ser expulsos do Exército, presos e até torturados – enfrentaram e ousaram algum desvio da lavagem cerebral dos treinamentos recebidos e das ordens de terror que lhes eram impostas. Infelizmente, nunca consegui saber os nomes desses rapazes.

Em outra madrugada, antes do episódio em que o cabo permitiu que víssemos nossos companheiros, talvez no final de setembro, fui chamada para "bater papo" por um homem de feições asiáticas, que não consegui identificar. Estávamos ao lado da "sala roxa". Eu já sabia que meu companheiro estava na cela ao lado da minha, e tínhamos inclusive o código de comunicação através das batidas na parede. Fingindo não ter essa informação e buscando acentuar a fragilidade em que me encontrava, perguntei a ele: "Você sabe se meu companheiro ainda está preso? Fomos detidos juntos, mas não tenho notícias dele há meses". Ele foi verificar e, pouco depois, disse que realmente estava lá. Enfatizando ainda mais a minha fragilidade, com os olhos baixos e fala mansa, disse: "Vou pedir uma coisa, mas sei que você não vai fazer. Eu poderia vê-lo?". Ele me respondeu que iria dar uma de nosso padrinho e que iria chamá-lo. Fingindo grande espanto, exclamei: "Não acredito que você vai fazer isso!...", Pouco tempo depois, meu companheiro chegava, encapuzado e algemado. Movida por forte emoção agarrei seu pescoço com força e sussurrei em seu ouvido: "Tá tudo bem, tá tudo bem, eu só queria te ver". Foi o tempo de um abraço forte. Em seguida o homem gritou: "Chega, chega, acabou, já é suficiente, bota o capuz nele".

Uma das coisas mais marcantes desse período foi a solidariedade entre as presas. Algumas não recebiam nada de casa, seja porque só tínhamos autorização para receber coisas de fora depois que a prisão fosse oficializada, seja porque algumas de nós não tinham família no Rio de Janeiro. Só quando assinei o documento referente à minha prisão preventiva é que minha mãe conseguiu fazer chegar até mim, semanalmente, vários artigos de primeira necessidade e alguns alimentos de meu agrado. No início ela não sabia o que era importante. Fui listando alguns itens de higiene, roupas, lençóis, travesseiros, cigarros, biscoitos, bolo, leite em pó etc. Tania fazia um delicioso creme com o leite em pó enviado pelos familiares. Era um momento de doçura e oxigenação para todas nós.

Mandávamos as roupas mais pesadas para serem lavadas em casa e na semana seguinte as recebíamos novamente em condições de uso. Não podíamos ter nada cortante ou que produzisse fogo, como espelho, pinça ou fósforo. Toda vez que íamos fumar, batíamos na portinhola esperando que algum soldado acendesse os nossos cigarros – e era por ali que, vez ou outra, conversávamos. A troca de cartas com meu companheiro obedecia a uma perversa regra que esticava o percurso e, consequentemente, o tempo de envio e recebimento das mesmas. Embora estivéssemos presos no mesmo andar, éramos obrigados a enviar as cartas para nossas respectivas mães que, na semana seguinte, enviavam para cada um de nós. Era muito comum que os soldados e torturadores roubassem as nossas coisas – cortavam as cartas com tesoura, como as que vi depois na casa da minha mãe, tiravam o peito do frango assado, roubavam cigarros e parte das comidas. Riam e chutavam para dentro da cela as bolsas que nossas famílias haviam enviado. A despeito dessa violência e da falta que sentíamos daquilo que nos era furtado, dividíamos absolutamente tudo o que nos chegava – e essa atitude de solidariedade nos confortava, tornando um pouco menos pesado nosso cotidiano.

Muito mais duros e sofridos eram os momentos de solidariedade em que acolhíamos e cuidávamos das que chegavam das sessões de tortura ou que estavam no momento de pausa e que voltariam a ser torturadas. Como era comum as pessoas perderem o controle da bexiga, do ânus e do fluxo menstrual, os torturadores faziam pausas e vociferavam: "Vai lá para o Maracanã para as vagabundas te lavarem". Não raro, eu entrava no chuveiro com essas companheiras – muitas das quais nunca mais voltei a ver –, que, trêmulas e atordoadas com a tortura, tinham dificuldade para se lavar.

Lembro-me de entrar debaixo do chuveiro com Margarida para ajudá-la. Eu dizia: "Companheira, força, você aguenta!". Recordo-me também que entramos, eu e Dulce, debaixo do chuveiro com Maria do Carmo, que, grávida, havia perdido dentes e tinha o rosto deformado em um imenso hematoma. Aproveitávamos também esses momentos para algumas conversas rápidas, mesmo sob a vigilância dos soldados que permaneciam na porta. Certa vez, entrei debaixo do chuveiro com Dulce também. Apavorada, ela me relatou: "Eu não sei o que está havendo, me fazem as mais variadas torturas, tem muitos militares à minha volta e eles não me fazem nenhuma pergunta". Pressenti que era uma aula para novos torturadores, que a usavam como cobaia, pois lembrei que já tinha lido em um panfleto clandestino da UNE que o procedimento era comum com alguns presos. Dávamos o melhor que tínhamos para as pessoas que chegavam da tortura – acolhíamos, lavávamos, tentávamos fazer com que nossa solidariedade e nosso cuidado minimizasse a dor e ajudasse a atravessar aquele momento de extrema violência.

* * *

Um dia, deitada no chão da cela, observava atentamente a parede e seu encontro com o piso frio de cimento quando percebi um pequeno buraco. Aproximei-me e, deslumbrada, vi dentro dele um pequeno musgo cujo verde intenso brilhava à luz do sol vindo da ínfima abertura da fenda, naquele início de tarde de céu azul. Extasiada, emocionada e até mesmo alegre, gritava para as companheiras também virem ver a pequena plantinha que nascia em meio à aridez e dureza daquele lugar. Mesmo num sólido muro de concreto ou num chão coberto por grossa camada de cimento, a vida encontra a brecha e se expressa em delicadas formas verdejantes. Com ela, eu já não era mais uma presa incomunicável: eu era o musgo acariciado pelos raios de sol. Mesmo nos territórios mais endurecidos, áridos e tristes, apesar da escassez de porosidade, a vida insiste. A vida insistia, e eu era a vida que insistia em mim.

Sobre essa passagem, meu filho José Ricardo escreveu um poema:[5]

A vida entrava pela fresta
Não a luz da lua
minha irmã

---

5. No texto introdutório ao livro, lê-se: "Pra minha mãe o meu poema é minha felicidade que durante toda a minha vida até hoje ela me ajudou a descobrir dentro de minh'alma. Os meus versos imperfeitos soam nos abraços que dou a essa mulher que gesta meu sorriso de sabê-la próxima".

No cárcere daquela
onde também estive
em acolhida diversa
Ela foi presa
mergulhada numa interminável escuridão
Escondida de mim por uma eternidade
Via a claridão
nos lugares e momentos
de maior escuridão
Brotei no ventre dela
como o musgo no buraquinho da cela
A força que me atropela
até inda hoje
contra a qual me revolto
como quando expulsivo movimento
Gerei-me da vida dela
geratriz na fresta
na nesga de luz
em hora tão escura
Revolução intermitente
e inesgotável
com orgulho e revolta
te chamo com nó na garganta
e o peito em chamas
Minha Mãe!!!

Através de meu cunhado, João Novaes, soube que, no período em que estivemos presos, meu filho pegava o telefone e, mimetizando uma ligação, solicitava que trouxessem seus pais de volta. No pequeno texto introdutório no livro onde o poema acima foi publicado, ele diz:

(...) eu tinha três anos de idade e a vida para mim, poderia eu dizer de chofre hoje em dia sem pensar, era mais simples... Mais simples que nada. (...) Um dia sem que eu me desse conta levaram meus pais (agosto de 1970). Sem que eu me lembre, aconteceram algumas coisas e parece que levaram também minha memória e muitas paisagens de lugares que deixei de conhecer por conta deste evento. (...) Queria que minha mãe jamais tivesse encarado a face do terror e que meu pai[6] pudesse me contar as histórias que ele não pode, mas

6. Depois de ler no *Pasquim*, em setembro de 1985, após a criação do GTNM/RJ, uma entrevista realizada com familiares de mortos, desaparecidos e presos na ditadura, entre os quais eu e meu companheiro, meu filho escreveu o seguinte poema em homenagem ao pai, publicado no mesmo livro: "Ouvi gritos de noite / gritos teus meu pai / e não pude crer / O meu super-homem / grita e chora / Finalmente sei você sente / é humano como eu / Apurei os ouvidos / e ouvi mais gritos / perdidos no tempo / no espaço / na memória / da história / de tudo que nego / chamar de história / de memória / Ouço meus soluços / de tanto tempo perdido / te acusando de ausência / agora enxergo-te presente / e me sinto grande / e orgulhoso / sou teu filho / agora quem chora e grita sou eu / de dor / de não te perceber antes / que ainda és super / super amor / te amo herói / sou teu filho".

isso é parte de mim desde então assim como sou parte deles. Essas histórias precisam ser contadas pra meu filho, pra todos os filhos da pátria amada, mãe gentil.

Por essa razão, também recordo e narro estas memórias. Nelas as forças de criação permeadas pelo amor, pela solidariedade e pela amizade insistem em fazer com que sigamos inventando a nós mesmos e ao mundo. Nas frestas de tempos duros, marcados pela reativação de práticas fascistas, vivida nos dias de hoje, outros tempos saltam e são capazes de engendrar novos modos de existir, em um infindável processo de criação ao qual este texto quer convocar.

A saída

> Liberdade é pouco. O que eu desejo ainda não tem nome.
>
> CLARICE LISPECTOR

Na primeira semana do mês de novembro, soube que meu companheiro e alguns de nossos amigos, como Alberto José Barros da Graça e Luis Sérgio Dias, tinham sido levados a um quartel do Exército, o 1º Batalhão de Carros de Combates (BCC), na avenida Brasil, no bairro de Bonsucesso. Essa informação me foi passada em uma noite por um dos torturadores, que me contou gargalhando. Ao saber da notícia, perguntei: "E eu, vou ficar onde?". Rindo, ele disse que lá não havia lugar para mulheres, e que não sabiam o que iriam fazer comigo. E, demonstrando irritação, acrescentou: "A gente achava que vocês eram peixes graúdos, mas vocês não passam de sardinhas. Vocês não são de nada!". Inconformada, retruquei: "Mas eu não quero ficar aqui! Tenho direito a ir para um presídio!". Imagina... Eu só queria sair daquele inferno.

Numa manhã, alguns dias depois, me encapuzaram e algemaram. Fui conduzida ao andar de baixo, onde tiraram o capuz e as algemas. Logo em seguida, ordenaram-me que entrasse em um carro de passeio, um Fusca, que não era uma viatura oficial. O trajeto foi muito curto. Ao chegar à praça Saens Peña, na altura do café Palheta, grosseiramente disseram em tom duro: "Você está liberada, salta do carro". Desci, encostei-me na parede e fui tomada por intenso mal-estar. Não estava mais acostumada a lugares abertos. Era uma manhã ensolarada, mas o sol me cegava e o barulho da cidade me deixava zonza. Fui tomada por uma sensação de pânico: uma espécie de agorafobia. Não tinha dinheiro nem documentos, e durante alguns minutos fiquei ali, encostada na parede, imobilizada pela sensações de mal-estar. *O que faço agora? Será que tô liberada mesmo? Será que eles não vêm atrás de mim? Será que não vão me matar?*

Depois de algum tempo buscando me reestabelecer, encontrei um pouco de força para agir: fiz sinal para um táxi que passava. À época eu era muito cabeluda, e estava com os cabelos desgrenhados e as sobrancelhas enormes, com uma aparência meio grotesca. Disse ao taxista que estava sem dinheiro e que queria ir para a casa da minha mãe, na rua Dias da Cruz, no Méier, e que pagaria ao chegar lá. Ele topou. Ao chegar ao prédio em que minha mãe morava, pedi para ele aguardar um pouco, disse o número do apartamento e que já voltaria com o dinheiro da corrida.

Quando bati na porta e minha mãe abriu, desabei. Meu filho veio correndo, me abraçou nas pernas e gritou: "Mamãe!". Nas cartas que enviava, eu sempre pedia que mostrassem fotos para que ele não esquecesse de mim e do pai. Marlene – que trabalhava pra mim, que cuidou dos meus filhos desde que nasceram para que eu conseguisse dar aulas, que escrevia cartas durante minha prisão dizendo que estava com saudades e que lamentava não poder enviar meus pratos preferidos – veio me abraçar. Tive o sangue frio de lembrar do táxi – e meu irmão desceu para fazer o pagamento. Minha mãe ligou para meus outros irmãos avisando que eu tinha sido liberada e estava em sua casa. A cada chegada era uma emoção muito forte – com muito beijos e muitos abraços. A última vez que os tinha visto fora no DOI-CODI. Nenhum deles, presos sem qualquer militância, como meus irmãos, cunhados e amigos, nunca me cobrou absolutamente nada em relação às violências sofridas naquele inferno.

Na manhã seguinte, cumprindo as ordens estabelecidas pelos militares, fui com minha mãe ao 1º BCC para prestar depoimento ao major Calomino, responsável pelo nosso IPM. Lembro que, quando me indagou sobre como eu me definia em termos políticos, respondi: "Sou uma socialista pacifista". Na sequência ele me informou que meu companheiro e meus amigos estavam detidos ali. Perguntei se podia estar com meu companheiro. Ele consentiu. À tarde, depois de terminar o depoimento, conseguimos por fim nos abraçar. Cinco dias depois, em 16 de novembro, meu companheiro também foi liberado e chegou à casa da minha mãe. Na véspera, dia de eleição,[1] à qual não deixei de comparecer, mesmo com medo de que reconhecessem minha letra, escrevi na cédula: "Abaixo a ditadura".

Os dias após a soltura foram muito intensos. Soube de detalhes das prisões dos meus irmãos, cunhados e amigos. Soube também que meu filho nunca havia sido entregue ao Juizado, que a casa de minha mãe esteve sempre vigiada e que seu telefone continuava "grampeado". Revi meus sogros, pessoas boníssimas que muito lutaram pela nossa libertação, encontrei meus cunhados. Chorei muito junto a um tio que, antes de minha prisão, concordando com meu pai, afirmava que as torturas não existiam. Eu contava os detalhes de tudo que tinha vivido e, com lágrimas rolando em nossos rostos, fiz a pergunta que na prisão fazia a meu pai já falecido em pensamento: "Acredita agora, tio?".

Depois, por meu cunhado João soube que seu pai, meu sogro, havia procurado o advogado Sobral Pinto, e este lhe teria dito: "Se estão no DOI-CODI, nada a fazer!". Mesma frase utilizada

---

1. Foi a segunda eleição legislativa realizada pelo regime militar de 64 e a única ocorrida no governo Médici.

pelo advogado George Tavares quando minha mãe e meu irmão foram procurá-lo. O Exército se arrogava dono de nossas vidas: as prisões, as torturas e os confinamentos aconteciam ao arrepio das leis.

Minha mãe ponderou para que eu não voltasse para minha casa, que havia sido metralhada e lacrada pelo Exército. Nunca mais voltei a entrar naquele prédio. Para que pudéssemos resgatar nossos pertences, meu sogro buscou e conseguiu uma autorização para que nossa residência pudesse ser aberta, tendo em vista que estava fechada desde a data de nossa prisão. Ao entrar, encontrou várias cápsulas de balas de metralhadora pelo chão. Por muito tempo guardei uma rádio vitrola com as marcas das balas. Fui para um pequeno apartamento nas proximidades da casa de minha mãe. Toda semana tinha que assinar o ponto no Ministério da Guerra. Por questão de segurança, meu companheiro e eu íamos sempre separados. Era muito difícil entrar naquele prédio do Exército, era preciso se encher de uma coragem que não sei de onde vinha, ainda mais porque costumeiramente encontrávamos com os torturadores. Ironicamente, alertavam-me: "Professora, a senhora cortou o cabelo... Sabe que tem que andar nos eixos, né? Estamos atentos...", e tínhamos que nos confrontar, em silêncio, com as imagens do horror que retornavam.

Quando fui presa, em sua saga incansável à minha procura minha mãe conseguiu uma declaração do Ministério da Guerra dizendo que eu estava à disposição do 1º Exército – o que era impensável à época, pois nenhuma declaração era permitida. Esse documento foi muito valioso, pois impediu minha exoneração por abandono de serviço ao ser entregue à Secretaria Estadual de Educação e às escolas onde eu lecionava. Liguei para os diretores das duas escolas e ambos foram muito solidários e generosos comigo, apesar de amedrontados. Informaram à Secretaria de Educação que eu não fazia "proselitismo político" em minhas aulas, o que não correspondia exatamente à realidade. Com gosto, tentava burlar as normas impostas: havia indicado para leitura dos alunos, e foi aceito pela escola, um livro já censurado, *História da riqueza do homem*, de Leo Huberman. Da mesma forma, indiquei a poesia de João Cabral de Melo Neto, *Morte e vida Severina*, que estava censurada e havia sido musicada por Chico Buarque, em 1966, e premiada no Festival de Nancy.

Vários colegas professores foram exonerados naquele período, mas fui "apenas" proibida de dar aula por um ano, respondendo a um processo administrativo e tendo que assinar mensalmente o ponto no "núcleo de presos" – local designado a todos os funcionários do estado do Rio de Janeiro que estivessem respondendo a algum processo administrativo e/ou criminal: em geral, guardas civis, agentes penitenciários, policiais militares, entre outros. Na primeira vez em que lá estive para cumprir as ordens estabelecidas, fiz um comício – apesar do medo, a indignação foi mais forte. Dirigindo-me às funcionárias do núcleo desatei a falar compulsivamente sobre o ocorrido: que tinha sido presa e torturada, que o Brasil estava sendo governado por uma ditadura militar e que muitas pessoas estavam sendo mortas e desaparecidas. Lembro que o espanto e o silêncio tomavam conta do lugar. Aonde eu ia, contava, compulsivamente, o que tinha vivido. Recordo com tristeza de pessoas relativamente próximas – vizinhos, amigos, colegas do curso de Psicologia – que, com medo, como se eu trouxesse a peste, atravessavam a rua fingindo que não tinham me visto. Retornei à faculdade, e lá também relatei os horrores pelos quais passei. Os professores, amedrontados, pediam para que eu falasse mais baixo. Aconselhavam-me a não publicizar tanto aquelas terríveis experiências. Antônio Gomes Penna, já falecido, um dos fundadores do curso de Psicologia da UFRJ, foi o único a ser totalmente solidário: com interesse indagou sobre o ocorrido e muito nos ajudou. Apesar do medo, todos os professores desconsideraram os três meses de faltas: fiz todas as provas em segunda época e consegui ser aprovada.

Embora tenha empreendido muitas pesquisas nos anos 1990 e 2000 nos arquivos do DOPS e no Arquivo Nacional, consegui pouquíssimo material sobre a minha prisão. Nos documentos que consegui encontrar, há, por exemplo, a minha planilha de registro, vinculada ao Ministério da Justiça e Negócios Interiores e, especificamente, ao Departamento Federal de Segurança Pública, com dados pessoais como nome, filiação, idade, endereço, profissão. Há também um histórico, vinculado à Secretaria de Segurança Pública – e mais especificamente à Divisão de Informações do Departamento de Ordem Política e Social (DOPS) –, em que se pode ver o acompanhamento realizado por parte do Estado brasileiro de minha atuação política como sócia da Sociedade Cultural Sino-Brasileira, como membro do Instituto de Intercâmbio Cultural Brasil-URSS e como parte de um suposto grupo de 37 estudantes que organizaram uma célula comunista na faculdade que tinha como objetivo "subverter a ordem político-social da nação". Segue-se a essas informações a notificação de minha prisão para averiguações no São Judas Tadeu, e só. Nenhum dos interrogatórios realizados no DOI-CODI foi encontrado. Ou seja, em termos formais, jamais estive naquele inferno. Até hoje pouquíssimos arquivos do período ditatorial foram abertos e disponibilizados para consulta pública. Os arquivos dos serviços de informação das três forças armadas (CIE, CISA e CENIMAR), dos DOI-CODIS e das Polícias Militares (P2) continuam secretos.

Após ter passado por aquele horror, o IPM[2] a que respondia, muitos anos depois, não deu em nada. Todavia, não conseguia o "atestado de ideologia" exigido para prestar concursos públicos, já que havia sido presa por subversão. Durante mais de um ano fiquei proibida de sair do estado do Rio de Janeiro. Mesmo assim, viajávamos e voltávamos apenas para assinar o ponto no Ministério da Guerra, que se tornara mensal. Ludibriávamos o controle, e aos poucos fomos percebendo que não estávamos mais sendo vigiados. A proibição e a exigência de assinatura mensal eram apenas para um controle que visava manter o medo ativado.

2. Foi nosso advogado, George Tavares, já falecido, que nada nos cobrou.

Entretanto algumas restrições se faziam presentes. Em 1971, fiz concurso para realizar estágio no Hospital Pedro II – atual Instituto Nise da Silveira. Apesar de ter tirado primeiro lugar na seleção, nunca fui chamada – o que atesta a perseguição política que ainda sofria nas mais diversas esferas de minha vida. Depois de muita insistência, o diretor do hospital informou que o que impedia que eu fosse convocada era o fato de meu nome constar nos registros do SNI por ter sido presa.

Nossos grandes amigos estavam presos, mortos, desaparecidos ou exilados. Durante toda a década de 1970, abria o jornal e ia diretamente para a página policial ou o obituário. As versões oficiais da ditadura sobre os assassinatos eram: mortes em tiroteio, por atropelamento ou suicídio. Em meio à tristeza das mortes e desaparecimentos de companheiros, o sequestro do embaixador suíço Enrico Bucher nos traz um pouco de alivio ao conseguir libertar setenta presos, entre eles vários amigos, como: Wilson do Nascimento Barbosa, Maria Auxiliadora Lara Barcellos e Carmela Pezzuti, que rumaram ao Chile de Salvador Allende. Realizado pela VPR, no Rio de Janeiro, o sequestro durou de 7 de dezembro de 1970 a 14 de janeiro de 1971. As negociações com a ditadura foram bastante demoradas. Este foi o quarto e último sequestro realizado, que conseguiu libertar um total de 130 companheiros que estavam sendo barbaramente torturados. Eduardo Leite, o Bacuri – que eu havia visto no DOI-CODI torturado, arrastado, quase sem conseguir andar –, constava dessa lista. Entretanto, no dia seguinte ao sequestro, em 8 de dezembro de 1970, ele foi assassinado pela equipe do torturador paulista Sérgio Paranhos Fleury. É de quando me lembro de ver no jornal o anúncio de sua morte. A matéria dizia que ele havia sido morto em tiroteio ao reagir à prisão – e foi muito impactante e indignante ler aquela nota. Tomada por profunda tristeza, senti um aperto forte no peito. Chorei muito! Soube depois que ele foi torturado ininterruptamente durante os 109 dias em que esteve preso.[3] Sua companheira, grávida e também presa, foi forçada a vê-lo ainda com vida. Seu corpo estava estraçalhado pelas torturas.

Se à primeira vista os sequestros podem parecer um ato de violência, importante afirmarmos a legitimidade dessas ações, tendo em vista o horror que grassava nos infernais cárceres da ditadura, como os DOI-CODI's. Os companheiros eram libertados com a marca de banidos. Nos decretos de ba-

---

3. Denise Crispim, minha grande amiga, reside hoje na Itália e sua filha Eduarda, na Holanda.

nimento que acompanhavam todos os presos libertados em troca dos diplomatas sequestrados, constava a proibição de voltar ao Brasil. Os que tentaram retornar foram mortos ou estão desaparecidos até hoje. Nenhum sobreviveu. Destacamos que essas ações salvaram a vida de muitos companheiros e companheiras. Os quatro diplomatas sequestrados são unânimes em afirmar que os jovens que empreenderam tais ações os trataram com cordialidade e simpatia durante o período em que ficaram sob sua guarda. Há depoimentos dos embaixadores norte-americano, alemão e suíço acerca do tratamento, inclusive com elogios ao preparo intelectual de alguns dos jovens revolucionários com os quais mantiveram contato mais estreito. O último sequestro, o do suíço, foi bastante demorado – um mês e sete dias – e muito negociado, pois o governo ditatorial, além de assassinar Bacuri, vetou vários nomes que constavam das primeiras listas entregues pelos sequestradores. Percebia-se, diferentemente das ações anteriores, que o governo não estava mais na defensiva, que não havia sido pego de surpresa como nos outros. Foi muito tensa a negociação dos nomes dos presos cuja libertação era permitida. Aqueles considerados mais perigosos, como as lideranças à época detidas, não tiveram seus nomes aceitos. Os envolvidos nesta última ação passaram a ser caçados em todos os cantos do país. Os que não conseguiram se exilar foram bárbara e friamente assassinados, como Carlos Lamarca, em 17 de setembro de 1971, aos 34 anos de idade. Outros tiveram seus restos mortais desaparecidos.

Apesar do massacre de toda e qualquer oposição, a vida insiste. Os anos seguintes foram de muita solidariedade, especialmente com meus irmãos e amigos mais próximos. Ocorreu uma grande aproximação. Passamos a morar próximos uns dos outros. Viajávamos de férias juntos e confraternizávamos em datas festivas – um congraçamento muito forte, com muita união e muita alegria por estarmos juntos e vivos. Algumas músicas marcam intensamente essa época. Além de Raul Seixas, ouvíamos muito o *Clube da Esquina* (1972), com músicas de Milton Nascimento e Lô Borges; *Acabou Chorare* (1972) e *Novos Baianos F. C.* (1973), que juntava a guitarra expressiva de Jimi Hendrix à brasilidade de Assis Valente e a influência de João Gilberto; *O importante é que a nossa emoção sobreviva* (1975), de Paulo Cesar Pinheiro e Eduardo Gudin, especialmente a música "Mordaça", que nos remetia à nossa libertação: "E a felicidade amordace esta dor secular/ Pois tudo no fundo é tão singular/ É resistir ao inexorável/ O coração fica insuperável/ E pode em vida imortalizar".

Tentávamos afirmar a vida em seu curso inventivo, apesar das sombras que nos rodeavam no cotidiano. Estávamos marcados pela dor do silenciamento e da tortura. A vida insistia na criação de corpos resistentes. Um combate sem fim aparecia para todos a todo momento. Lembro-me de uma passagem em que meu filho, aos 6 anos de idade, foi repreendido e impedido de brincar no recreio por ter se negado a rezar. Por não concordar com a situação, fui conversar com a professora para enfatizar a importância do ensino laico, ministrado, principalmente, em uma escola pública. No momento em que ela se desculpava pelo ocorrido, meu filho me mostrava entusiasmado um álbum de figurinhas – muito comum à época – onde apareciam, entre outras figuras, as fotos dos generais presidentes da República. Seu dedo apontava para a figura de Médici e exclamava: "Olha mãe, aquele que você não gosta!". Fiquei embaraçada com a situação e, ao chegar em casa, tentei explicar, em uma linguagem acessível, que ele não podia falar algumas coisas em público, pois era perigoso. Fui forçada a reproduzir as ordens vigentes de silenciamento e autocensura. Eu me senti muito mal, mas naquele momento não havia outro caminho.

Achei que estava forte quando saí da prisão. Percebo hoje que, como uma espécie de aposta na vida, engravidar era comum entre as ex-presas. Acompanhando esse movimento, engravidei de meu segundo filho, Sérgio. A gestação trouxe a vida com seus paradoxos: a alegria de um novo ser que acontecia em mim abria espaço também para um retorno de sensações advindas dos horrores experimentados. Percebi que não estava bem – e que a prisão e a tortura haviam deixado marcas muito fortes. Engordei muito, tinha pesadelos recorrentes e admiti que necessitava de ajuda. Fui fazer terapia. Queria muito aquele filho. Com o importante apoio de minha ginecologista, o parto de Sérgio foi maravilhoso: ele pulou de mim – porque, mais uma vez, a vida insistia em insistir.

* * *

Tinha 29 anos ao ser presa. Embora na época não me desse conta, minha trajetória foi e ainda é atravessada pela força de um pensar-criar que ganha corpo na vida em suas experimentações processuais. Trago em mim a vontade de fazer do pensamento algo mais que abstrações teóricas e/ou dogmas de fé separados do viver. Sou atraída pelos marginais, pelos desviantes, pelos loucos, pelos becos, pelas vielas, pelos atalhos do desconhecido, onde as intensidades vibram em desassossego diferencial. É exatamente aí, nas quebradas que rompem com o esperado, que sinto e acolho uma força disruptiva que me arrasta e me desloca daquilo que parecia pronto e acabado. Foi assim que ousei o primeiro desvio na juventude e segui interrogando as regras morais estabelecidas.

Foram várias passagens em intensos deslocamentos. A jovem católica missionária tomada pela vontade de cuidar "do próximo" se descobre outra com o materialismo histórico e dialético. Nesse desviar contínuo, embates entre as linhas duras de uma verdade última e as linhas fluidas que me arrastam em devir, o corpo muitas vezes padece no desassossego de intensas e sofridas desterritorializações. São rupturas que inventam outros modos para além das crenças: da religião católica, dos dogmas de fé do marxismo-leninismo, de uma revolução a se chegar, da política reduzida à representação, das referências identitárias do Estado, da Família, do Sujeito; enfim, de verdades firmemente estabelecidas em torno da centralidade do poder e da transcendência.

Seguindo o fluxo dos encontros que afetam e produzem pensamento, o corpo vibra com as experiências de uma psicologia disruptiva que afirma a indissociabilidade de qualquer prática com a política. Do materialismo althusseriano, passando pela análise institucional francesa, pela arqueologia-genealogia foucaultiana, pela subjetividade em processo contínuo de produção, vou me encontrando e desencontrando de mim e comigo. A Filosofia da Diferença entra em minha vida. Claudio Ulpiano,[4] Ana Monteiro de Abreu e Auterives Maciel marcam encontros-acontecimentos que racham os estratos duros da já professora universitária. A partir de então, rajadas de interrogações afirmam o processo infindo de outramento crivado pelo desassossego do "não saber", problematizando o poder em suas mais variadas formas no mundo da representação: Estado, Sujeito, Partido Político, Academia; enfim, questionando as infindáveis filiações naturalizadas que acabam por obstaculizar as relações de alianças que tanto nos potencializam como eternos aprendizes.

---

4. O filosofo e professor Claudio Ulpiano (1932–1999) foi mestre-regente de sinfonias malditas. Suas aulas-acontecimentos faziam ressoar a melodia de versos em refrões diferenciais. Apaixonado pelo seu ofício, amou o pensamento de Gilles Deleuze, expondo-o com dedicação e minúcia, unindo Filosofia e Vida. Foi um ser ardente, intenso, marcado por uma passionalidade militante em prol da potência vibrante de uma vida.

A inquietude e o combate com linhas duras animam a minha existência. Uma experiência de vida marcada por sucessivos abalos em torno da construção de uma ética-estética de liberdade na invenção de um viver potente. Não me conformo com a mutilação de uma vida pacificada para caber na caixa de um mundo já estabelecido. Sinto a faísca de vida que me incendeia nos encontros que experimento com alunos, livros, autores, companheiros, amigos. Porém, durante muitos anos, tinha um sentimento muito forte de que nunca mais veria os amigos exilados – o que, entre outras coisas, provocava uma enorme dificuldade em relação a aspectos triviais do cotidiano. Era muito difícil acordar e levantar da cama toda manhã. Eu dizia: "Mais um dia...". Era um túnel sem qualquer luz no fim. Sentia um peso muito grande, que se desfez aos poucos ao longo dos anos – com a anistia, ao rever os companheiros-amigos, com os pensadores-intercessores, com os alunos: enfim, com os novos e bons encontros que aumentam nossa potência de existir.

Movida pelos bons encontros sigo em busca de mais ar. Afetada pela pandemia do Coronavírus busco refúgio na serra de Friburgo, em um pequeno ponto do planeta Terra onde a mata Atlântica resiste e insiste em sua acolhida multicor. Este foi o território que me acolheu e me impulsionou em direção à escrita deste texto. Pássaros, flores, sapos, cobras, borboletas, aranhas, vagalumes e insetos variados passam a atravessar meus dias. A água escorrendo no tempo, ora caloroso, ora gélido, borbulha a terra em nascentes que se abrem em ritmo intermitente e contínuo. Minhas lembranças brotam. Com as passagens marcadas das estações em suas singularidades diferenciais, córregos transbordam e solos adormecidos se alternam com a emergência de luares floridos e perfumados nas noites em que as damas acordam os sentidos. A fluidez vai ganhando corpo e, aos poucos, sinto que o árido da dureza do urbano asséptico impregnado em mim começa a se desfazer. Sinto necessidade de escrever para liberar a vida. Entro em contato íntimo com a natureza que me rodeia. A finitude aparece em trancos que me assustam e me deslocam da retidão. Um desabrochar de sinuosas linhas embaralhadas lançam-me em um tempo múltiplo de entradas e saídas em movimento contínuo e cíclico. Raios e tempestades rasgam a tranquilidade das tardes mornas e das madrugadas silenciosas. A inquietude toma conta de mim. A percepção mais fina dos movimentos me convoca a ir além do horror descrito em meu depoimento para as comissões Nacional e Estadual da Verdade. O pensamento eclode e a escrita vem. Percebo que o refúgio buscado na evitação da morte me apresenta a repetições diferenciais onde a cada dia passo a afirmar um novo em mim. Quero viver! É a vida que me comanda, não mais o medo da morte! É este encontro com a finitude-metamorfose que me lança na aventura desta escrita, permeada pela dor e pela alegria. Na abertura de frestas de vida, atravessada por encontros múltiplos, vozes ressoam e são registradas aqui, buscando fazer da existência e da vida algo que valha a pena se repetir infinitas vezes. A cada dia vivido me sinto capaz de me tornar outra. Quantas já fui nestes dias de vida? Tudo retorna, eternamente, mas sempre diferente!

Apesar dessa abertura experimentada, coexiste, em alguns momentos, o sentimento de fardo vivido em todo o período da ditadura. Revivo, com a pandemia e o o atual governo fascista, uma sensação conhecida de incredulidade, de irrealidade: "Isso não pode estar acontecendo... Parece um filme de terror, de ficção...". Em minhas postagens nas redes sociais, sempre que encontro a potência da vida escrevo: "Um pouco de ar...". Parece óbvio – e é – que se trata de uma homenagem à frase que Deleuze recupera de Kierkegaard: "Um pouco de possível, senão eu sufoco...". Escrevendo esses fragmentos de memórias malditas, porém, percebi que não é apenas isso, mas também uma menção à falta de ar que eu sentia diante da dificuldade de respirar ao ser encapuzada pelos torturadores. Escrever este texto cinquenta anos depois me ajudou a sair do sufoco, ao conseguir nomear sentimentos-sensações, enfim, afetos que me constituem e pedem passagem. Que essas memórias possam seguir afetando-desdobrando e sejam, também, um pouco de possível, um pouco de ar para outras resistências e invenções de si e de mundos.

Só consigo seguir em frente no abalo que constantemente tira tudo do lugar de novo. Em uma fina sintonia com Leibniz e Deleuze: na chegada ao porto, eis que sou lançada novamente em alto-mar.

LUMIAR, VERÃO, DEZEMBRO DE 2020

CECILIA COIMBRA é uma velha dama indigna, filha de Oxum e Iansã, psicóloga, professora aposentada de psicologia da UFF (vinculada ao pós graduação), doutorado em psicologia na USP, pós-doutorado em ciência política na USP, uma das fundadoras e atual participante da Diretoria Colegiada do Grupo Tortura Nunca Mais/RJ.

A ideia desta coleção Lampejos foi criar, para cada capa, um alfabeto diferente desenhado pelo artista Waldomiro Mugrelise. Entremear a singularidade dos textos de cada autor à invenção gráfica de um outro léxico e outra sintaxe.

"Todos os viajantes confirmaram: transformar o teclado do computador em mecanismo de fazer desenhos é a melhor solução para este projeto. A invenção de um dispositivo composicional além do léxico, quero dizer, anterior ao léxico, fará o leitor percorrer léguas de insensatas cacofonias, de confusões verbais e repetições que correspondem a idioma algum, por dialetal ou rudimentar que seja. A incoerência (inocorrência?) da palavra resulta em potencialidade gráfica infinita, um campo ilimitado para o desenho. Lucas compõe as capas a partir da tipologia fornecida por Waldomiro. Eu me visto de Waldomiro, diz ele. Ser meio para nenhum fim. As linhas caóticas da mão são capturadas e organizadas em um sistema que produz composições que o artista nunca criaria. Imagem é texto, como bem sabemos. Os livros, por diversos que sejam, constam de elementos iguais: o espaço, o ponto, a vírgula, as letras do alfabeto."

Leopardo Feline

ℳ-1 + hedra
ediçães

Dados Internacionais de Catalogação na Publicação (CIP) de acordo com ISBD

C679f	Coimbra, Cecília
	Fragmentos de memórias malditas: invenção de si e de mundos / Cecília Coimbra. - São Paulo, SP : N-1 edições, 2021. 176 p. : il. ; 11cm x 18cm. – (Coleção Lampejos)
	Inclui índice. ISBN: 978-65-86941-38-8
	1. Autobiografia. 2. Memórias. 3. Ditadura brasileira. I. Título. II. Série.
2021-793	CDD 920 CDU 929

Elaborado por Vagner Rodolfo da Silva - CRB-8/9410

Índice para catálogo sistemático:
1. Autobiografia 920
2. Autobiografia 929